경남산문선 91

범든골에 피는 행복

김영희 수필집

도서출판 경남

농촌과 도시의 소통을 위한
작은 다리가 되기를

　문학을 전공하지 않았음에도 글을 써서 지면에 발표하기 시작한 지가 40년이 넘었습니다. 문학인 역시 꿈꾸지 않았지만, 등단하고도 20년이 지났습니다. 그동안 여기저기 발표한 묵은 글들과 최근 원고료 받고 썼던 글들을 모아 수필집을 만들어 봤습니다. 다시 보니 부족한 부분이 많아 망설여졌지만, 저의 수준이 이 정도라고 인정하고 보니 용기가 났습니다. 다음에는 좀 더 좋은 글을 쓰기 위해 시간을 투자하겠다는 욕심을 내봅니다.
　평범한 일상을 담은 글들이지만, 자연과 더불어 살면서 농촌사회의 변화와 희망을 적었습니다. 이 책이 농촌에 대한 관심과 이해를 높이고 농촌과 도시의 소통을 위한 작은 다리가 되기를 기대합니다.

30년 이상 한결같이 글 친구가 되어 응원해 준 한국농어촌여성문학회 회원, 이 책이 나오도록 용기를 준 양산문인협회 회원, 늘 첫 번째 독자가 되어주고 응원해준 가족, 그리고 출판에 도움 주신 여러 선생님께 감사드립니다.

이 책을 읽는 모든 분이 따뜻한 마음으로 농촌을 바라봐 주고 건강하시기를 빕니다

2024년 8월 22일

현강 **김영희**

농부를 꿈꾸는 수필가 그리고 범든골

꿈을 꾸는 것은 이 세상을 살아가는 사람이라면 누구나 겪는 신비한 체험이고, 꿈을 가진다는 것은 성장하거나 도전하는 사람이라면 그 끝에서 기다리고 있을 바람직한 결과를 품고 그리려는 강력한 동기부여라 할 수 있다.

세상에서 가장 어려운 일 중의 하나가 바로 농부가 되는 일이라 생각한다. 봄에 씨를 뿌려 틔워낸 싹을 여름내 키워 가을이 되면 수확하는 사이클을 가진 농사를 업으로 살아가는 전문가를 농부라고 우리는 칭하곤 한다. 사전적으로 보면 농사를 짓는 농부는 참으로 단순해 보인다. 그러나 농부는 인간이 가지는 특권 중 하나를 누릴 수 없는 아주 불행한 전문가들이다. 그 특권 중 하나는 바로 게으름이다.

줄리아 로버츠가 주연으로 출연한 영화 〈먹고 기도하고 사랑하라〉에 등장하는 명대사로, 영화 속 배경인 이탈리아 사람들은 여주인공에게 'Dolce far niente(돌체 파 니엔테: 달콤한 게으름)'이라는 일상의 여유를 알려준다. 그리고 말한다. 달콤한 게으름은 평소의 부지런함으로부터 잉태된다는 사실을 말이다.

농부에게 과연 게으름이 허락될 수 있을까? 씨를 뿌리거나 모종을 이식하고 나서 서리라도 내리면 한 해의 농사를 망치게 되고, 봄에 비가 제대로 오지 않으면 모종은 고사하거나 생육이 더디게 된다. 여름에는 어떤가? 한순간이라도 잡초를 매지 않으면 밭이나 논은 잡초밭이 되고, 방제를 게을리하면 벌레가 창궐해 농작물은 그 가치를 잃게 된다. 또 가뭄이나 태풍이 찾아들게 되면 애써 키운 농작물은 속절없이 자연이 다시 거둬가 버린다. 수확이라는 풍족한 기쁨을 위해서 농부는 봄부터 가을까지 농사라는 사이클에서 한시도 떠날 수 없는 24시간 풀로 근무해야 하는 전문가가 될 수밖에 없는 것이다.

글을 쓴다는 것도 농사와 다를 바 없다. 구상해야 하고 자료를 모아야 하고 구상과 자료를 토대로 글의 얼개를 지어야 한다. 그리고 얼개가 지어지면 기존에 없던 문장을 만들고, 문장으로 문단을 만들고 문단을 모아 단락을 만든다. 그리고 그 단락이 일정 수

준 엮이면 비로소 우리가 흔히 읽는 책의 모양을 갖추게 된다. 만약 작가가 한순간이라도 게으름을 부리게 되면 수확하는 작품은 없을 수밖에 없다. 농사와 글을 쓴다는 것이 그래서 다를 바 없다고 한 것이다.

《범든골에서 피는 행복》이라는 수필집을 읽고 있으면 농사와 글쓰기를 병행하며 고군분투하는 현강 선생의 달콤한 부지런함이 잘 읽힌다. 두 아이의 엄마이자, 초보 농군과 초보 문학인이던 현강이 젊음이라는 용기를 등에 업고 좌충우돌하며 겪는 농사와 그 관련 에피소드들을 담담한 문체로 담아내고 다듬는 과정이 수필집에 잘 드러나 있어 읽는 내내 즐겁다. 만약 현강 선생이 글쓰기가 힘들고 외롭고 성과가 쉬이 나지 않는다고 중간에 펜을 놓거나 원고를 구겨 쓰레기통에다 집어넣었다면 우리가 지금 받아든 수필집은 결코 수확해 내지 못했을 것이다. 젊음과 뚝심으로 농사를 지어내며 실패와 극복을 반복하다, 결국 범든골의 노련한 농부가 되어가는 과정으로 역사를 서술하는 사관처럼 묵묵히 원고에 기록해 마침내 수필집을 완성해낸 현강 선생의 노고에 찬사를 보내지 않을 수 없다. 돌체 파 니엔테! 현강 선생에게 이제 20여 년 만에 달콤한 게으름이 허락되었다. 그리고 그 게으름이 끝나면 다시 한 번 수필집 농사를 지을 것을 권한다. 아직 못다 한 이야기가 있다는 여운이 강하게 전달되는 수필집이기 때문이다.

후세에 역사를 전하는 수단 중 최고는 저서라 할 수 있을 것이고, 그 저서의 저자는 인류에게 허락된 최고의 영예라 여긴다. 농부와 수필가로 성공적인 삶을 산 현강 선생에게 후세에 자취를 남기는 저서를 가지게 된 것을 다시 한 번 축하하며 이 수필집을 읽는 것을 계기로 많은 이들이 자신이 도전하는 분야에 용기를 얻었으면 한다.

2024년 8월 22일

소설·시나리오 작가 효촌 **김규봉**

• 차례 •

002   책을 내면서
004   추천의 말

part 1   꿈

014   아름다운 노년
019   말맛이 좋아야지
024   평상 위에서
029   초겨울의 일상
034   때론 무관심이 보약이다
037   백두산을 다녀와서
042   노총각 장가가는 날
047   부끄럽다
052   결론 없는 싸움
056   꿈을 그리다

part 2　뜻밖의 손님

062	폴리의 외출
065	뜻밖의 손님
070	나눠 먹기
073	평범한 일상이 그립다
078	풀리지 않는 숙제
082	자유로운 날을 기다리며
085	건강한 사회를 꿈꾸며
089	여행 가고 싶어라
093	함께 가는 길
096	농촌! 강소농에서 희망을 찾는다

part 3 행복은 생각하기 나름이다

112	새로운 도전
115	오월에는
119	편지
124	불이문
127	소금 이야기
132	차 마시기 좋은 날
137	행복은 생각하기 나름이다
142	지금 우리들의 고향은
147	그녀
152	행복마을

part 4   작은 농부

156	초보자에게 배우다
160	아직 더 배워야 할 일
165	빈 독을 씻으면서
169	밀당
174	가을 끝자락에 서서
176	봄비
181	버리기와 남기기
185	작은 농부

part 5 　　　　　　**자연인**

192　　　　　　　자연인
198　　　　　　고향의 봄동산
204　　　　　　　찾지 말자
208　　　　아줌마들의 가을 소풍
214　　　　　　　추억을 줍다
220　　　　　　범든골 사람들
225　　　　　　　이팝나무
229　　　　　　　거듭나기

part 1

꿈

아름다운 노년·말맛이 좋아야지·평상 위에서·초겨울의 일상·때론 무관심이 보약이다·백두산을 다녀와서·노총각 장가가는 날·부끄럽다·결론 없는 싸움·꿈을 그리다

아름다운 노년

 연초록 나뭇잎들이 햇살을 받아 반짝인다. 마당 구석구석 올라오는 잡초를 뽑느라 바삐 놀리던 호미질을 잠시 멈추고 일어서서 마당을 한 바퀴 둘러본다. 새싹이 고개를 내민 지 며칠이 지나서인지 새싹의 이름이 무엇인지 구분할 만큼 컸다. 바짝 마른 듯이 조용히 있던 수국의 가지에 물이 오르고, 지난여름 흔적 없이 사라졌던 명이나물도 쑥쑥 올라온다. 패랭이꽃, 수선화 할 것 없이 여기저기서 '나도 좀 봐주세요'하고 외치는 소리가 들리는 것 같다. 그중에서 나의 발길을 멈추게 하는 것이 있었다. 바로 범부채의 새순이다. 붓꽃이나 창포 꽃잎과 비슷한 듯하지만, 자세히 보면 잎 배열이 다르다. 잎이 좌·우로 어긋나고 납작하게 부채를 펼쳐놓은 것 같다.
 범부채 씨앗이 우리 집에 온 것은 6년 전이다. 처음 씨앗을 뿌리고 아무런 반응이 없어서 안 나는 줄 알고 포기했었는데, 5년 만인 작년에 처음으로 싹이 나고 꽃을 피웠다. 너무 신기했다. 올해도 새싹이 나는지 지켜보던 중이라 반가움이 더 컸다.

  범부채꽃을 만난 그날의 기억이 새롭게 떠오른다. 지인의 부탁으로 초등학생 한 명을 그 집 골목까지 태워주고 나오는 길이었다. 슬레이트로 지어진 오래된 작은 집 담장을 낀 화단에 여러 가지 꽃들이 피어 있었다. 그중 유난히 눈에 띄는 꽃이 있었다. 차를 주차하고 내려서 가까이 가보니 더 예뻤다. 주황색의 꽃잎은 손바닥을 편 듯 반듯하게 하늘을 쳐다보면서 무리 지어 피어 있었다. 꽃에 까만 점이 점점이 찍힌 게 참나리꽃을 닮았지만, 전혀 다른 모양이다. 작지만 당당한 기운이 넘쳤다. 보는 이로 하여금 가슴을 뛰게 했다. 어떻게 꽃에서 저런 기운이 나올까 신기하기도 했다. 너무 예뻐서 나도 모르게 손이 가고 입에서는 '너 참 예쁘구나. 자그마한 너희들은 진짜 당당해 보이는구나!' 감탄사를 연발하며 이리저리 돌아가면서 사진을 찍기 시작했다. 한참을 그렇게 사진을 찍고 있는데, 갑자기 등 뒤에서 인기척이 느껴졌다. 놀라 돌아보니 할머니 한 분이 미소를 지으며 서 있었다.

  꽃 주인은 아흔을 넘기신 할머니였다. 하얀 쪽머리에 한산모시로 만든 생활 한복을 입고 있으셨다. 얇은 꽃잎에 점이 박힌 것과 맑은 얼굴에 검버섯이 핀 할머니의 모습은 닮은 듯했다. 개는 주인을 닮는다더니 꽃도 그런 건가?

"꽃이 이뿌제."

"예. 진짜 예뿌네요."

"내만 보기가 아까버서 대문 밖에 심었다 아이가."

우리는 오래전부터 알았던 사람처럼 서로 마주 보며 활짝 웃었다. 범부채꽃은 약재로도 좋고, 꽃을 보는 재미도 좋아 귀한 꽃이라고 하셨다.

"한 포기 뽑아주고 싶지만, 꽃 필 때 옮기면 죽는다 아이가. 그라이 가을에 오면 한 포기 주꾸마."

"할머니! 고맙습니다. 근데 제가 이 동네 사람이 아니라서 다시 올 수 있을지 모르겠네요."

할머니는 꽃을 꼭 주고 싶은데 안타깝다는 듯 머리를 흔들면서 꽃을 이리저리 만져보더니 구슬처럼 윤기가 흐르는 까만 열매 몇 개를 찾아서 건네주셨다.

"아직 알이 덜 차서 날란가 모리겠다. 화단 한구석에 던져 놔 봐라. 재수 좋으면 날지 아나?"

고개를 쭉 빼서 대문 안을 들여다봤다. 작고 볼품없는 슬레이트 집이었지만, 마당에는 아담한 크기의 나무들과 눈에 익은 꽃들이 여기저기 피어 있었다. 예전에 집의 가치는 크기가 아니고 그 집에 누가 사느냐에 따라 달라진다고 하던 말이 떠올랐다.

그때 범부채꽃 주인 할머니의 삶이 바로 아름다운 노년으로 보였다.

초고령 시대로 접어든 지금 우리 또래들은 노후를 어떻게 보낼 것인가가 가장 큰 숙제다. 경제적 자립도에 따라 삶이 달라지겠지만, 나에게는 어디에서 살 것인가 하는 질문에 답을 찾은 것 같다.

그저 살던 곳에서 이웃들과 어울려 사는 소소한 생활이 아름다운 노후를 보장해 줄 것 같다. 소일거리로 가꿀 수 있는 텃밭이 있고 정원이 있다면 더 행복한 노후가 되지 않을까?

마당 귀퉁이에서 환하게 웃고 있는 분홍빛 꽃잔디와 자주색 송엽국도 예뻐 보인다. 나도 지나가는 누구에게라도 꽃을 나누는 삶을 살고 싶다.

말맛이 좋아야지

　산도 하늘도 뿌옇다. 화물차가 속력을 내면서 지나갈 때 비포장 도로가 토해내는 듯한 누런 흙먼지 같은 바람이 골목마다 분다. 경남보건환경연구원에서는 자동차 운행이나 외출 자제를 요청하는 문자를 보내온다. 경쟁이라도 하듯 행정안전부에서도 건조경보와 논두렁 소각 금지와 화재에 주의하라고도 한다. 황사와 미세먼지의 분간이 어려울 때 날아오는 안전문자는 고맙다. 경남도, 양산시, 환경부, 인근의 울산광역시에서 비슷한 문자가 쇄도하는 탓에 연달아 폰이 울린다. '황사 경보에서 관심 단계' '미세먼지 경보' '황사 위기 경보' 차이가 무엇인지 정확히 모르지만, 바깥일은 일단 접어야 할 것 같다. 덕분에 어제 내린 비로 촉촉해진 밭에 모종을 옮기려던 발걸음을 멈춘다. 아무래도 그냥 발걸음을 돌리기에는 좀 싱겁다. 이왕 밭으로 나왔으니 엄나무 순이라도 따 갈려고 밭둑으로 올라갔다. 갑자기 기온이 올라가서 그런지 며칠 사이 새순이 쑥 자라 있었다. 가시에 찔릴까 봐 조심해서 따고 있는데 지나가던 사람이 묻는다.

"어머~ 엄나무 잘 키우셨네요. 파실 겁니까?"

"아닙니다. 양이 많지 않아 팔 정도는 안 됩니다."

"잎에 윤이 나는 게 진짜 맛있겠네요. 부러워요."

벌써 엄나무 새순을 맛보기라도 한 듯 길손의 엄나무 예찬이 기어이 칭찬과 부러움으로 이어진다. 덕분에 기분이 좋아진 나는 얼마 되지 않는 엄나무 순의 절반을 기꺼이 나눠줬다. 듣기 좋은 말 한마디에 내 것을 공짜로 주고도 어깨가 으쓱하니 기분이 좋았다. 문득 지난가을 있었던 일이 떠올라 나도 모르게 웃었다.

그날은 오늘과는 달리 구름 한 점 없는 청명한 가을 날씨였다. 마당 가득 심어 둔 감나무가 가지가 휘도록 감을 달고 있었다. 날씨가 추워지자 이파리들이 화려한 빛깔로 단풍이 들고 감도 먹음직스러운 주황빛으로 익어갔다. 우리 집에 감나무가 많은 것은 남편이 감을 좋아하고, 감나무가 특별히 신경 쓰지 않아도 잘 자라고 정원수로도 훌륭해서 여러 종류의 감들을 해마다 심어서 그렇다. 단감과 대봉감 그리고 정확한 이름도 모르는 감나무도 몇 그루 있다. 오래전부터 있었던 것도 있고, 다른 집에서 얻어 온 것도 있다. 그중에 한 그루는 가을이 오면 단풍나무보다 더 화려한 색으로 물든다. 그리고 나뭇잎이 떨어진 후에 남겨진 감들의 모습도

옛말에 말 한마디가 천 냥 빚을 갚는다고 했던가?
처음 보는 길손이건만 말을 건네는 방법에 따라 듣는 이를
기분이 좋게도 하고 화를 나게도 한다.

꽃처럼 예쁘다.

　집 앞을 지나던 처음 보는 길손이 감을 따가도 되냐고 물었다. 으레 가을이면 탐스럽게 잘 익은 감을 보고 골목을 오가며 사람들이 한마디씩 던지고 가곤 했기에 별생각 없이 몇 개 줄 수는 있어도 따 가지는 말라고 했다. 그랬더니 그 사람이 따지듯이 말했다. 새들은 맘대로 홍시를 쪼아대는데 자기는 허락을 구하는데도 안 된다니 너무하다고, 곧 떨어질 감이 아니냐는 것이다. 얼핏 들으면 그 말이 맞는 듯도 했다. 감은 품종에 따라 수확하는 시기도 먹는 법도 다르다. 단감은 아삭하게 먹어야 제맛이기 때문에 미리 따지만, 홍시로 먹는 대봉은 나무에서 최대한 익혀 딴다. 이것저것 다 떠나서 주인이 안 된다면 물러설 일이지 그게 어디 따질 일인가 싶어 화가 났다.

　그래서 새는 따먹을 자격이 충분하다고 쏘아붙였다. 새들은 감나무잎에 붙은 송충이나 온갖 벌레들을 여름내 잡아먹어서 잎을 지켜주지만, 길손은 우리 감이 자라는데 해준 게 뭐 있냐고 했다. 그때야 비로소 길손은 장난삼아 한 이야긴데 목소리가 커서 의사 전달이 잘못되었다며 미안해했다. 그제야 나도 손이 닿는 곳의 감을 가지째 꺾어 주면서 오해를 풀었다.

　옛말에 말 한마디가 천 냥 빚을 갚는다고 했던가? 처음 보는 길손이건만 말을 건네는 방법에 따라 듣는 이를 기분이 좋게도 하고 화를 나게도 한다.

살아가면서 배우는 것이 꼭 책이나 주변 사람을 통해서만 이루어지는 것은 아닌 것 같다. 한 번도 본 적이 없는 지나가는 길손도 이렇게 많은 것을 느끼게 하니 말이다. 새삼 말 한마디의 소중함을 느낀 아침이다.

평상 위에서

　지루한 장마가 끝나기가 무섭게 불볕더위가 시작되고 한낮의 더위는 숨이 막힐 듯하다. 그래서인지 저녁 무렵 사방이 확 트인 옥상에서 만난 바람은 시원해서 가슴이 뻥 뚫린다. 옥상에 평상 하나 있으면 좋겠다는 생각이 든다. 얼마 전 남편이 땔감으로 쓰기에는 아깝다고 올려둔 나무가 눈에 띈다. 회사에서 기계를 운반할 때 기계보호용으로 썼다면서 남편 친구가 준 것이다. 그것으로 평상을 만들자는 제의에 남편은 흔쾌히 그러자고 했다.
　못을 뽑고 매끈하지 않은 끝부분을 잘라내고 나니 평상 만들기에는 안성맞춤이다. 갑자기 집에 타카의 에어 뿜는 소리와 톱질 소리, 망치질 소리가 요란하다. 수건으로 연신 땀을 닦았지만, 남편의 옷은 이미 젖어 흥건하다. 남편이 허리를 편다. 땀이 흐른 만큼 평상도 나름 모양이 잡혔다. 설계나 재단도 없이 눈대중으로 뚝딱거리다 보니 규격이 정확하지는 않아도 튼튼한 골격을 갖춘 평상이 완성된 것이다.

"괜찮제?"

거의 몇 시간을 목재와 연장을 들고 자르며 씨름하던 남편이 마지막 못질을 끝내고 이마에 맺힌 땀을 장갑 낀 손으로 훔치며 말했다.

그렇다. 멋지다. 해가 진 지 한참이 지난 뒤라 햇살은 식었고, 바람은 선선한 기운이 느껴진다. 그런 장면 속에 놓인 평상은 자연이라는 명화를 완성시키는 듯 보였다. 옆에서 거들던 나는 엄지 척을 하면서 탄성을 내질렀다.

"와아~ 멋집니데이!"

평상 위에 돗자리를 깔고 걸터앉자, 갑자기 어디서 날아왔는지 모기 한 마리가 다리에 대고 인사를 한다. 눈치 빠른 남편이 평상 모서리에 막대기를 세운다. 나도 잽싸게 창고에서 모기장을 꺼내와 건다. 모양새는 볼품없지만, 모기를 막기에는 아주 훌륭하다.

남편이 평상에 등을 대고 눕는다. 언제 올라왔는지 아들도 그 옆에 눕는다. 덩달아 나도 누워본다. 늦저녁 석양을 지워내며 드리운 밤하늘이 그림 같다.

"어머니! 방장 속에 누우니 옛날 생각이 나요. 자다가 모깃소리가 나면 온 식구들에게 비상을 걸었지요. 모기를 잡으면 다행이었지만, 못 잡는 날은 방마다 방장을 쳤지요. 덕분에 우리는 어릴 때

모기에게 물렸던 기억은 별로 없는 것 같아요."

아들이 대화의 물꼬를 트니 옆에서 남편이 거든다.

"그래 맞다. 너거 엄마는 모기라 하면 사정없이 잡았지. 참 유별나게 극성이었지."

셋이서 동시에 한바탕 웃는다. 남편은 신이 난 듯 40여 년 전의 추억을 소환해서 이야기를 이어갔다. 아들에게는 드라마에서나 느낄 수 있는 이야기들이지만, 같은 세대인 나는 다소 과장된 행동을 하면서 맞장구를 쳤다. 그때는 누가 초대하지 않아도 저녁을 먹고는 찐 감자며 삶은 옥수수 등을 소쿠리에 들고 와서 평상 위에 둘러앉아 놀았다고 했다. 말린 쑥으로 모깃불을 피웠다는 남편과는 달리 친정에서는 왕겨를 태우는 것으로 자연스럽게 모기를 쫓았다고 했다. 온 동네 숨겨진 시시콜콜한 이야기들이 쏟아져 나오기도 하고 신문이나 라디오, 텔레비전을 통하지 않고도 먼 나라 이야기부터 옆집 똥개 이야기까지 다양하게 들을 수 있었던 지붕 없는 사랑방이었다고 했다. 잠시 이야기가 끊기자 아들이 노래를 부른다. 용케 아는 노래인지 부자가 합창한다. 그러다 중간에 가사를 까먹었는지 똑같이 흥얼거린다. 남편이 얼른 내려가서 기타를 가져와 반주한다. 두 사람 얼굴에 만족한 미소가 번진다. 기타 소리와 노랫소리가 아름답게 울려 퍼진다.

서로 바쁘게 살다 보니 이런 여유로움은 얼마 만에 맛보는 것인가. 휴대전화를 내려놓고 아들 손을 살며시 잡아본다. 가족 대화

휴대전화를 내려놓고 아들 손을 살며시 잡아본다.
가족 대화방에서 주고받았던 이야기라도 얼굴을 보면서 하니 새로운 느낌이다.
평상 위에서 나누는 이야기 그리고 노래가 참 좋다.

방에서 주고받았던 이야기라도 얼굴을 보면서 하니 새로운 느낌이다. 평상 위에서 나누는 이야기 그리고 노래가 참 좋다.

소비와 문화의 중심축이 네트워크 세대에 집중되면서 가족들 간의 세대 차를 좁힐 수 있는 마땅한 여가 수단이 없다고들 한다. 그렇지만 오늘 밤 우리는 '포스트 디지털 세대'가 된 듯하다.

별것 아닌 이 즐거움은 평상이 가져다준 의외의 행복이다.

(2020년)

초겨울의 일상

　군불 지핀 아랫목은 여전히 따뜻하다. 수탉 울음소리가 새벽을 흔든다. 동네 개들도 덩달아 짖는다. 해가 뜨기 전이라 자리에서 일어나지 않고 뭉그적거리고 있다. 얼마를 더 그러다 창문을 연다. 누워서 바라본 하늘에는 구름 한 점 없다. 늘 보는 하늘이지만 초겨울 아침 하늘은 더 맑고 깨끗하고 투명하다. 어제 밤새도록 소 울음 들리더니 아침부터 인공수정사 탄 승용차가 흙먼지 날리며 언덕을 오르고 있다.

　부지런한 남편은 구들이 식기 전에 또 장작을 넣고 있는지 부스럭거리는 소리가 난다. 솔갈비(솔잎의 낙엽) 타는 냄새가 난다. 어릴 적 내 고향 향기 같다. 잿불에 묻어 둔 속살이 노란 군고구마를 먹던 일이며 장작에 고등어를 굽다가 재보다 더 까맣게 물든 소매단에 울었던 기억도 난다.

장작 몇 개비로 온돌방이 온종일 뜨거울 수 있다는 사실을 그동안 잊고 살았다. 어쩌면 연탄보일러, 기름보일러, 가스보일러, 전기 등으로 원료가 고급화되고 편리해지면서 군불 지피는 번거로움을 피하고 싶었는지도 모르겠다.

손만 뻗으면 나무를 쉽게 가져올 수 있는 산자락 아래 집을 지으면서 온돌방을 만든 일은 두고두고 생각해도 잘한 일 같다. 몸이 으슬으슬 추워지고 팔다리 여기저기가 쑤시고 아플 때 만사 제쳐두고 뜨거운 구들방에서 땀을 내고 일어나면 가뿐해지는 것이 신기하다.

굳이 산으로 가지 않아도 건설현장에서 나오는 폐목 등은 훌륭한 땔감이다. 불쏘시개로 이용할 솔갈비를 끌러 가끔 산에 오른다. 무성한 잎들이 떨어진 텅 빈 숲은 또 다른 모습이다. 다람쥐나 노루를 만나는 일이 더는 신기한 일이 아니다. 가꾸는 사람이 없어도 나무들은 제각각의 멋을 내고 있다. 나무 그루터기에 앉아본다. 나도 자연에 동화된 듯 편안하다.

내려오는 길에 언 땅에서도 여전히 푸른빛을 내는 유채밭을 둘러본다. 지나가던 축사 아저씨 한마디 던진다.

"땅이 참 신기하지예. 정말 좋아하는 만큼 보답을 한다 아입니꺼."

농사지어 큰돈은 못 만져도 땅값이 올랐으니 땅으로 연금을 넣으면 그나마 어느 정도의 노후는 보장이 되지 않겠냐며 하는 말이다.

 자식 같은 소를 굶겨 죽였다는 소리도 들리고 젖소 수송아지 값이 만 원대까지 떨어졌다고 한다. 지금 축사 아저씨의 맘이 어떨까 싶어 아무런 위로의 말도 찾지 못하고 그냥 고개만 끄덕이다 내려왔다.

 배춧값 파동에 구제역, 또다시 소값 파동, 무엇이 문제인지 생각만으로 머리가 아프다.

 비록 그리 크지 않은 작은 집이지만, 농장 집에 오면 편안하다. 그 푸근함이 어디서 오는 걸까 곰곰이 짚어본다. 평범하게 단순하게 살고 싶은 내 욕심처럼 꾸미지 않아도 되는 해방감이 첫째다. 일부러 거울을 갖다 놓지 않았다. 아침에 일어나 세수를 하고 손가락으로 머리를 한두 번 빗어 넘기면 끝이다. 이웃집에 볼일을 보러 갈 때도 모자 하나만 쓰면 끝이다. 인터넷도 연결하지 않고 컴퓨터도 가져오지 않았다. 라디오나 텔레비전도 켜는 일이 거의 없다. 그러니 애써 알려고 하지 않으면 복잡한 세상 이야기와도 단절이다. 우리나라 절반이 가지고 있다는 스마트폰도 없다. 그러니 모든 시간의 주인은 내가 된다. 책도 읽고 밥을 굶어도 누가 뭐라는 사람이 없다. 배가 고프면 된장을 끓여도 되고 푸성귀 넣고 비빔밥을 먹어도 된다. 그런 한 끼로서도 유명 맛집 부럽지 않을 만큼 훌륭하다.

 욕심이 없으면 더는 발전하지 않는다고 친구들이 밖으로 불러낸다. 촌스러워졌다고 한마디씩 한다. 나는 자연스러워졌다고 말한다.

　꾸미지 않고 있는 나를 그대로 다 보여주고 나설 때의 민망함이 따르긴 해도 더 숨길 것 없어 편안해진 느낌을 더 좋아하는 나이가 되었나 보다. 삶의 여유가 뭔지 알게 된 나이 말이다.

때론 무관심이 보약이다

　어둠이 걷히지 않은 새벽이다. 땡볕이 이글거리기 전에 서둘러 밭으로 갔다. 가는 길에 친구 아들을 만났다. 몇 년째 취업공부에 매달린다는 소문을 들었기에 그냥 웃으면서 간단한 인사만 주고받았다.

　우리 학창시절 때 학생의 본분은 지금과 매우 달랐다. 십리 길은 예사로 걸어서 학교에 다녔고, 가축을 돌본다든가 농사일을 돕고 집안일도 일정 부분 분담해야 했다. 덕분에 청소년기를 지나서 사회에 나가서는 뭐든 할 수 있었던 것 같다. 그런데 요즈음 교문 앞까지 태워주고, 학원버스가 집까지 데려다주는 차를 타고 다니면서 새벽부터 밤늦게까지 20년 넘게 공부만 해오고 있음에도 많은 젊은이가 취업의 문턱을 넘지 못하고 있다. 안정된 직장을 찾고자 청춘을 바쳐 공부하는 '취준생', '공시생'들을 어떤 시선으로 바라봐야 할지 난감하고, 부모 세대인 우리가 해줄 수 있는 게 무엇인지 숙고하게 만든다. 사회가 던져 놓은 풀기 어려운 숙제가 아닐 수 없다. 비유가 적절할지 모르겠지만, 텃밭 농사를 예로 들고 싶다.

텃밭 농사가 목돈을 쥐는 것은 아니지만, 먹거리를 생산하는 일이라 즐겁다. 그러다 보니 퇴직 후 시간적 여유가 많은 사람은 농작물 가꾸기에 온갖 정성을 다한다.

사는 곳도, 하는 일도 취미도 각각 다르지만 고향이 같다는 이유로 만들어진 '카톡방'엔 날마다 무수한 이야기가 오간다. 가장 많이 화제가 되는 것이 텃밭 가꾸기이다. 스마트폰 덕분에 누구네 농사가 최고인지 금방 알 수 있다. 내가 키운 오이나 호박, 토마토는 많은 사람의 부러움을 사고 있다.

가장 늦게 심었고, 쟁기질도 제대로 안 된 돌덩이가 엉성한 밭에서 어떻게 튼실한 작물을 빨리 수확하는지 궁금해한다. 나는 제초제를 치지 않고, 거름을 사용해서 땅심을 돋우는 일이 중요하다고 생각한다. 사람들은 대부분 당장 효과가 좋고 편리한 영양제나 비료를 사용하지만 의외로 말라 죽거나 키만 클 뿐 열매가 제대로 자라지 않는 경우가 있다. 땅속에 수분보다 영양분이 더 많으면 수분을 제대로 빨아들이지 못하고 작물은 말라 죽게 된다. 필요한 영양이 아니면 오히려 성장에 방해가 되는 것이다. 또 한 가지는 곡식은 주인 발걸음 소리만 들어도 자란다는 옛말이 있다. 그렇지만 나는 날마다 밭에 가지 않는다. 온실 속 화초는 열 번 중 한 번을 돌보지 않아도 죽지만, 아스팔트 위의 민들레는 밟아도 꽃이 피고 끈질기게 버티지 않는가. 그처럼 자생력을 믿고 제멋대로 자라도록 가끔은 그대로 놔두기도 한다.

   사람도 비슷하지 않을까. 무관심이 겉으로는 상대방을 무시하는 듯 보이지만, 때론 그런 의도된 무관심이 내핍을 이겨낼 수 있는 잠재적 능력을 끌어낼 수 있다. 공부에 지친 모습이 역력한 친구 아들에게는 지금 겉으로 드러난 무의미한 관심보다는 속으로 전하는 진심 어린 응원과 성원이 필요한 것이라 여긴다. 부디 올해는 어떤 지혜를 모으든 취직을 준비하는 모든 청년의 얼굴이 활짝 펴지도록 웃을 수 있는 일자리를 만나길 빌어본다.

백두산을 다녀와서

여행은 언제나 가슴 설레게 한다. 어릴 적 소풍이나 수학여행 때의 기분이 마흔을 넘긴 나이라고 다를 게 없다. 북한이 아닌 중국을 거쳐서 가는 게 불만이었지만, 민족의 영산이라 불리는 백두산에 간다는 사실은 그런 불만마저도 아무렇지 않게 만들 만큼 들뜨게 했다.

출발 당일 김해공항을 떠난 지 1시간 20분(2006년 기준) 만에 중국 대련공항에 도착했다. 공항에서 가이드가 일행을 반긴다. 1시간의 시차가 있고 800km거리를 둔 정말 가깝고도 먼 나라 중국 땅이다. 낯선 곳에서 적응하려 잔뜩 긴장한 우리 일행들에게 그래도 우리나라와 차이 나는 게 너무 많아 차이나라 부른다는 가이드 말에 일행들은 한바탕 웃었다.

중국과 국교 정상화 이후, 백두산은 더 이상 갈 수 없는 산이 아니다. 한국인 관광객들이 급증한 탓에, 백두산 정상 가까운 곳까지 도로가 잘 포장되어 있다. 백두산 관광 전용버스와 지프차가 있어서 누구라도 10분 정도만 산을 오르면 천지를 만날 수 있다. 장백산 산문 앞에서 환경보호 버스를 타고 백두산으로 오르기 시작했다. 멀리 보이는 산 가운데로 하늘과 맞닿은 물줄기 하나가 보였다. 하늘로 오르는 다리를 연상하게 한다고 '승사하(혹은 통천하)'라 불린다는 장백폭포였다. 우리도 점점 하늘과 가까워진다는 느낌이 들 만큼 구름 한 점 없이 투명한 가을 하늘 가을 산으로 차창 너머로 보이는 모든 게 멋진 풍경이다. 중간에서 다시 지프차로 갈아타고 백두산 천지를 향해 계속 달렸다.

　중국 한족들이 지프차를 얼마나 난폭하게 몰던지 의자 손잡이를 잡은 손에 땀이 났다. 나중에 안 사실이지만, 우리나라 사람들의 팁에 길든 탓이고, 팁을 주는 정도에 따라 속력을 줄이고, 급정거하지 않는다고 한다. 산 중턱에 있는 나무들이 모두 비스듬히 넘어져 있었다. 지난해 내린 폭설 때문이라고 한다. 그나마도 조금 더 올라가니 나무도 풀도 보이지 않는다. 담황색의 이끼 낀 바위와 금방이라도 땅이 푹 꺼질 것 같은 산, 저마다 제각각의 모습인 신비로움 그 자체였다.

　지프차에서 내려 조금 오르니 백두산 천지가 한눈에 들어온다. 여기저기서 감탄사가 들려온다. 아 저게 쪽빛인가 푸른빛인가!! 바다 같은 천지를 병풍처럼 안고 서 있는 16봉우리를 선명하게 볼 수 있다. TV나 사진 등으로 많이 봐 왔던 풍경이었지만, 막상 천지에 서고 보니 느낌이 새롭다. 신화나 전설 속에나 존재한다고 생각했던 천지를 눈앞에서 볼 수 있다니! 정말 대단한 풍경이다. 천지를 단번에 볼 수 있다는 것은 로또 당첨과 같은 행운이라며 가이드가 우리보다 더 기뻐해 준다. 정상은 9월임에도 우리나라 한겨울을 무색하게 할 만큼 날씨가 차갑다.

백두산은 6월에서 9월까지 4개월만 오를 수 있도록 허락한다고 했다. 이것도 예측할 수 없는 안개와 비 때문에 천지를 볼 수 있는 확률이 30%도 안 된다니 우리는 정말 운이 좋은 것 같다. 미리 준비해간 중국 통일현장 체험이란 현수막을 들고 사진을 찍다가 중국 공안 당국 요원들과 한참 실랑이를 벌인 일은 정말 웃지 못할 우발적인 사건이었다. 결국, 뒷돈을 주고 억류된 몸에서 벗어날 수 있었지만, 중국 공안 요원들과 가이드가 미리 짜고 한 일에 우리가 발목 잡혔다는 느낌이다. 가이드가 태극기만 아니면 된다고 해서 찍었는데, 가이드가 그 일을 중국 공안 요원들에게 설명 못한 이유는 지금도 궁금하다.

맑고 깨끗하던 하늘이 갑자기 어두워지더니 눈발이 날리기 시작한다. 바람도 세차게 분다. 바람을 등지고 서서 바람이 멈추기를 기다리다 자세히 바라보니 눈이 아니라 깔다구 같은 아주 작은 벌레 떼들이 바람에 날려 오는 것을 우리는 잠시나마 눈으로 착각을 한 것이다. 삽시간에 외투에 까맣게 붙는다. 고개를 흔들고 벌레 털기에 모두 여념이 없다. 오염이라고는 지프차의 매연밖에 보이지 않는 이 높은 곳에 저런 벌레들이 떼거리로 몰려다니는 게 도저히 이해되지 않는다.

중국 공안 요원들의 억지와 벌레 떼들의 출현으로 백두산 천지를 오랫동안 감상하지 못하고 발길을 돌려야 함이 내내 아쉬움으로 남는다. 산길을 걷는 데 자신이 없어서 장백폭포까지 가는 건 포기할까 망설이다 일행의 맨 마지막 줄에 서서 천천히 올랐다. 길가 온천수에 달걀을 삶고 있는 사람이 보인다. 반숙된 달걀을 먹고 있는 사람, 장백폭포에서 내려오는 사람 모두가 우리나라 사람 같아 보였다. 우리나라인지 북한인지 중국인지 순간순간 착각을 일으킨다. 계단 길을 올라 일 년 중 눈이 보이지 않는 달은 8월뿐이라는 장백폭포 아래에서 손을 씻고 일행들과 기념촬영을 마음껏 했다.

한 뿌리에 3만 원 하던 장뇌삼이 내려오는 길에는 2천 원밖에 하지 않는다. 가격이 금방 올랐다 내렸다 하는 걸 보니 중국 땅임을 비로소 실감한다. 폭포 아래 장백 국제호텔에서 금방이라도 별이 뚝 떨어질 것 같은 밤하늘을 바라보면서 노천 온천에 몸을 담그며 하루의 피로를 푼다.

우리가 가는 곳들이 조선족 연변 자치주 내인데 길거리 상가 간판이 모두 한글로 표기되어 있다. 노래방에 있는 음향기기와 노래책도 우리나라 것 그대로다. 물건을 살 때도 우리나라 돈으로 계산을 하기도 한다. 호텔에서는 우리나라 방송을 위성중계로 그대로 볼 수 있다. 요즈음 인기 있는 드라마 '주몽'을 그곳에서도 봤다.

　돌아오는 길에 두만강을 사이에 두고 중국에서 바라본 북한은 특별한 게 하나도 없는 한가로운 시골 강가 풍경 그대로다. 바지를 걷고 그대로 건너도 될 만큼 깊어 보이지 않는다. 강 건너 너무나 가까운 그곳이 북한이라고 한다. '중조연변'이라는 표지판만이 중국과 북한의 국경 지역임을 알려줄 뿐이다. 우리 가요의 한 구절처럼 상상했던 두만강 푸른 물이 아닌 시커멓게 오염된 강물이다. 압록강에서는 유람선을 타고 낚시를 하는 북한 주민들과 손만 내밀면 잡을 수 있을 거리까지 다가갔다. 우리가 하는 인사에 손을 흔들어주는 북한 사람들! 누군가가 우리의 소원이라는 노래를 부르자 모두 따라 부른다. 일행들의 눈에 눈물이 그렁그렁한다. 다시 한번 우리의 소원은 통일이란 노래를 불렀고, 여기저기서 훌쩍이기 시작했다. 강 하나를 사이에 두고 중국은 고층빌딩이 올라가고, 북한은 산마저도 온통 개간해서 산이라 해도 산다운 느낌마저 없는 민둥산이다. 누구의 책임이라기보다 같은 민족임에는 틀림없는 우리기에 아픔으로 다가온다.

　중국을 통해 바라본 북한에 대해 뭐라 한마디로 말을 하기는 어렵다. 그러나 백두산이나 두만강, 압록강 관광객들 대부분이 우리나라 사람들인 점을 미루어 볼 때 중국을 통하지 않고 금강산처럼 가는 방법을 모색해야 할 시점으로 보인다.

노총각 장가가는 날

뒷산 선령仙靈도 꿈틀한다는 모내기 철에 이웃에서 농사짓던 노총각이 장가간다고 전화가 왔다. 하필이면 이렇게 바쁜 농번기 오월에 가느냐고 물으려다 하루라도 빨리 가는 게 맞다며 손뼉 치며 잘됐다고 했다.

지난해 여름 친구 아들의 결혼식에 함께 갔던 친구가 자기 아들도 혼기가 꽉 찼는데, 농사짓고 소 키운다니 중매도 안 들어온다고 하던 말이 떠올랐다.

"결혼하면 시집살이 안 시키고 아파트라도 사줄 건데…." 걱정하는 친구에게 구슬이 서 말이라도 꿰어야 보석이라고 상품을 만들어야 값이 나가고 중매가 들어온다고 말해줬다. 다시 말해 결혼해서 해줄 집도 미리 장만하고, 농장도 부모들과 분리해서 직장 같은 이미지를 만들라고 조언을 했다. 그리고 그 일은 까마득히 잊고 있었다.

알고 보니 그 친구는 다음 날, 나의 충고대로 아들 이름으로 아파트를 분양받고 축사도 이전했다고 한다. 한마디로 값나가는 상품을 만든 것이다. 그러자 바로 중매가 들어와서 결혼 날짜를 받았다며 나에게 크게 한턱내겠다고 했다.

드디어 결혼식 날이 밝았다. 주례는 신랑 아버지의 학교 은사님이 해주기로 하였다기에 내가 모셔가기로 했다. 주례 선생님은 우리 문우들이나 하객들이 전부 다 아시는 분이다. 보리타작 멈추고, 들깨 모종, 고추 모종 옮기다 말고 왔을 하객들의 얼굴이 벌겋게 상기돼 있었다.

"어지간히 급했나 보다."

누군가의 소곤거림에 조용하던 식장이 순식간에 웃음바다가 되었다. 대기 중이던 신부도 웃음을 참느라 하얀 드레스가 들썩거렸다.

턱시도에 나비넥타이를 하고 당당하게 걸어 들어오는 새신랑도 환하게 웃는다. 그 순간 난 나도 모르게 가슴이 뭉클하고 눈물을 찔끔 흘렸다.

팔순 바라보는 주례사 선생님이 혹시라도 실수할까 봐 걱정이었다. 그런데 짧게 하셨지만, 젊은 사람보다 더 힘찬 목소리로 간단하고도 강한 여운을 남기는 말씀을 하셨다. 역시 연륜이 담긴 인생 노익장다운 주례사였다.

충담사의 〈안민가〉를 인용하면서 가정이 행복하고 화목하려면 '~답게 살아야 된다'고 하셨다. 임금은 임금답게, 아내는 아내답게, 남편은 남편답게, 어른은 어른답게 행동해야 국가나 사회 그리고 가정이 평화롭고 잘 살 수 있다고 하셨다. 손수 써 오신 족자도 선물로 주셨다. 식장을 가득 메운 하객들의 큰 박수를 받으셨다.

멀리서 온 하객 중 일부는 주례 선생님 댁에 머물면서 연이틀 동안 잔치 뒤풀이를 떡 벌어지게 했다. 거기다 시내 투어까지 하고 싶다기에 가장 젊은 내가 기사를 자청했다.

옮기다 널브러져 있을 옥수수 모종, 들깨 모가 눈앞에 아른거렸다. 갈아엎은 땅들도 며칠 사이 단단해져 있을 터인데 걱정이 이만저만 아니었다.

그렇지만, 모종을 시집보내는 것이 어디 노총각 장가보내는 일과 비교가 되겠는가? 더구나 노총각 장가보내는 일에 내가 일등 공신이라지 않는가!

급한 일보다 중요한 일부터 하고, 선택해야 할 때 내가 손해 보는 쪽으로 결정하면 후회가 없다는 남편 말을 떠올리며 급해지는 마음을 진정시켰다. 친구 아들이지만, 모두 한마음으로 축하를 했다.

주례 선생님께서 시내에서 가장 맛있다는 엄나무 토종닭을 사주셨다. 따라 나온 도토리묵도 지역 도토리로 만들어서 그런지 특별한 맛이다. 주례 선생님 댁으로 와서 칡으로 담근 동동주를 마시다 보니 분위기는 한층 더 고조되었다. 서재에 있던 가면을 쓰고 사물놀이 분장을 한 문우가 장구를 두드리자 모두 일어나 덩실덩실 춤을 추었다.

오래전 마을마다 흔하게 보던 모습이었지만, 아파트 문화가 생기고부터 보기 드문 광경이다. 다행히 주례 선생님 댁이 주택이고 시골이라 주변 분들도 이해하시는 분위기라 다행이었다.

결혼식 때문에 며칠 비운 밭은 아우성이다. 모종도 마저 옮겨야 하고, 풀도 매야 하고, 매실도 따야 하고, 가뭄 타는 푸성귀에 물도 줘야 한다.

먼저 심은 고추는 고라니가 뜯어 먹었는지 줄기만 앙상하니 애처롭다. 울타리 그물로 단속하지 않은 나의 잘못이다. 호시탐탐 노리는 멧돼지, 고라니가 가만둘 리 없다. 요행을 바란 내가 어리석었다.

신나게 논 대가는 땀으로 대신할 수밖에 없다. 뙤약볕에 허둥대는 내 모습이 가관인지 지나가던 정아 엄마가 쉬엄쉬엄하라며 아이스크림을 건넨다. 정아 엄마는 나더러 지각생 농부란다. 이제 심어 언제 거두냐면서 걱정도 보탠다.

안달 난 속마음을 숨긴 채

"요즘 농작물은 계절이 따로 없다. 하우스 속에서 사시사철 생산이 가능하고 급하면 수입까지 하는 세상이다. 이모작을 하는 것도 아니다. 사실 늦다고 손해 볼 일도 아니다. 오히려 한꺼번에 쏟아질 시기를 피하면 상품 가치가 더 나을 수 있다. 그리고 수확만 목적이 아니고 심는 재미 보는 재미가 어디냐."면서 웃으며 너스레를 떤다.

  옆에서 듣고 있던 하얀 찔레꽃도 덩달아 웃는지 꽃잎이 흔들린다.

부끄럽다

흔들어도 기척이 없다. 모처럼 단잠을 주무신다. 이불을 다독이다가 엄마 손을 잡는다. 뼈만 앙상하다. 잠결임에도 내 손을 놓지 않는다. 가만히 엄마 손을 내 볼에 갖다 댄다. 따뜻하지도 부드럽지도 않고 가슴이 서늘하도록 찬 기운이 전해진다.

쉴 새 없이 주무르고 비비는 동안 예전에 나를 보듬어 안아주던 엄마의 체온이 전해진다. 살며시 손을 빼면서 엄마 손등을 본다. 푸른 실핏줄과 검버섯이 어우러져 있다. 자세히 보니 손톱 밑이 까맣다. 논일 밭일 접은 지가 언젠데 흙은 아닐 테고 뭘까? 손을 당겨 코끝에 갖다 대 본다. 오전에 목욕한 손이라고 하기에는 냄새가 지독하다. 물티슈로 닦아본다. 노란 병아리 깃털 같은 색이 묻어난다. 작은 대야에 따뜻한 물을 받아와서 엄마 손을 담가

일주일에 한 번씩 돌아오는 당번 날,
생선 한 마리, 고기볶음 한 접시, 하루 드실 간식 정도 챙겨드리고 오는 게
효도인 양 스스로 위안하는 내가 참 부끄럽다.

본다. 물빛이 노랗다. 병실에는 손톱 밑을 후빌 마땅한 도구가 없다. 두리번거리다 우유 빨대로 살살 파본다. 그사이 몇 번의 구역질을 했다.

기저귀를 뜯어서 던져버리고, 혼자서 해결한다고 만진 게 분명하다. 치매라 속단하고 손이라도 묶을까 봐 힐금힐금 복도 쪽으로 쳐다봤다.

벽에 똥칠은 안 하고 죽어야 할 건데, 하시던 옛날 할머니들 말씀이 떠오른다.

산업화와 과학의 발달로 노령인구가 급속하게 늘어난 데 비해 그 대안은 아직 만족할 만한 수준은 아니다. 경제적인 부담을 절감하고 부양가족들의 부담을 덜어주고자 국가적인 차원에서 요양병원 같은 시설에 지원금을 보태주지만, 만족도가 어느 정도인지 알 수 없다.

누구도 나이 든 부모나 병든 부모님에 대한 걱정에서 벗어날 수 없고, 먼 미래의 일도, 남의 일도 아닐 텐데 요양원이나 요양병원 같은 시설에 부모를 모시는 것을 아직은 곱지 않은 시선으로 바라보는 사람들 때문에 가정불화로 이어지는 집도 많다.

그렇다고 장남에게만 무조건 희생을 강요하고 모든 걸 감당하라고 하는 건 무리라고 생각한다.

엄마는 90평생 온돌방에서 생활했는데, 24시간 침대에 누워 있는 고통이 어떨까? 하루에도 몇 번씩 기저귀를 갈아야 하는 사람들의 편리에 의해서인지, 욕창을 염려한 엄마를 위한 배려인지 모르겠다.

따끈한 황토방에 모시고 와 함께 뒹굴고 싶은 맘이 하루에도 몇 번이고 든다. 조금만 아파도 불안해하는데 의사가 없으면 매일 달리하는 처방도, 수시로 영양제도 맞을 수 없으니 내 욕심만 내세울 수 없다.

아니 더 정확히 말하자면 언제 끝날지 모르는 병간호를 24시간 할 자신이 없는지도 모르겠다.

180병상의 노인들을 본다. 그래도 우리나라가 복지국가임은 틀림없다. 예전에는 돈이 없으면 병원 입원이 쉬운 일이 아니었다. 건강보험, 요양보험료를 낼 만하다. 따뜻한 방에, 하루 세 끼 영양사 조리사가 신경 써준 식단에, 자원봉사자들이 와서 진행되는 특별프로그램에, 침대에 누워 할 수 있는 목욕에다, 때 묻지 않아도 어김없이 갈아주는 옷이며 침구류, 다소 부족한 점이 있고 가족들과 떨어져 있다 해도 이제는 서러운 마음은 접어야지 하는 심정으로 그들을 바라본다.

"내가 죽어야지 너거가 편할 건데…." 말씀은 그리하면서도 뭔가를 끝없이 주문하면서 너무나 이기적인 모습으로 변해버린 엄마에게서 연민이 느껴진다. 잘해드려야지 하는 다짐을 수없이 하면서도 맘에 안 드는 말을 하면 싫은 소리를 하고 마는 내가 밉다. 엄마에게 아무런 도움이 되지 않는 눈물을 흘리며 돌아서서 오는 내가 한심하기도 하다.

  개똥밭에 뒹굴어도 이승이 좋다는 저 어르신들의 희망은 무엇일까? 혼자서 밥 먹고 세수하고 옷 입고 화장실만 갈 수 있어도 하는 바람으로 살아가는 걸까. 꿈에서도 그리운 고향 집에서 가족들의 부양을 받으며 마지막 생을 살고 싶다는 푸른 희망을 안고 살지는 않을까. 지금 내가 해 줄 수 있는 게 밥 먹이고 손발 만져 주고 오는 게 전부라서 화가 난다. 일주일에 한 번씩 돌아오는 당번 날, 생선 한 마리, 고기볶음 한 접시, 하루 드실 간식 정도 챙겨 드리고 오는 게 효도인 양 스스로 위안하는 내가 참 부끄럽다.

(2014년 친정어머니 병실에서)

결론 없는 싸움

　선거철이 돌아왔다. 어깨띠 두르고 아침마다 인사하는 사람들이 늘어나고 있다. 목욕탕에서, 출근길에서, 산책길에서도 90도로 머리 숙이는 후보자의 가족들을 만난다. 무엇을 위해서 저토록 이른 새벽부터 사람들에게 간절히 구걸하는 걸까.
　그래도 몇 년에 한 번씩은 여유 있는 몸짓으로 당당하게 그들의 이야기를 듣는 처지니 나쁘지 않다. 늘 들어봐야 그 말이 그 말이고, 실천 의지도 별로 보이지 않는 공약이지만, 무심코 넘길 수 없는 게 사실이다.
　지적으로나 도덕적으로 가장 성숙해야 할 집단이지만, 가장 이기적이고 개판이라는 말도 많이 듣는 게 정치판 속에서 살아가는 정치 군상群像이다. 집단의 이익이라는 명제를 걸고 적반하장으로 뒤집는 기술은 말할 것도 없고, 정치인들의 위선을 꾸짖고 일깨

워야 함에도 아무런 말도 저항도 못 하는 대다수 지식인도 마음에 안 들기는 마찬가지다.

　선거철 직전에는 정치인 관련 출판기념회 행사도 자주 접한다. 정치인들의 자서전이라고는 하지만, 문학적인 면보다 자신을 선전할 홍보용이 대부분이다. 신문에 대문짝만 하게 홍보된 책치고 서점가에서 찾을 수 있는 신간은 흔하지 않다. 한마디로 돈 주고 사가는 책이 아니라 거저 주면 읽을까 말까 한 책이다. 그러나 어떻게 된 것인지 종종 베스트셀러가 되기도 하는데 도무지 이해가 되지 않는다. 국민의 복지나 살림살이보다는 집단적인 권리와 이익만을 추구하는 사람들이란 생각이 든다. 자신들의 능력이나 소신과 관계없이 집단에 끌려다니는 한심한 모습들이다.

　붉은 글씨 속보에도 이제 놀라지 않는 가슴이 되었다. 피고 져야 할 꽃들이 미친 듯이 한꺼번에 피더니 일장춘몽처럼 며칠 만에 한꺼번에 지고 만다. 자연의 순리마저도 이상기온이라는 이유 하나로 뒤죽박죽일 때도 잦은데 말 많고 탈 많은 인간사회에서 어찌 별의별 이야기가 난무하지 않을까.

　정치판 싸움이나 부부싸움이나 유치하기는 마찬가지다.

　어제저녁 남편이랑 돈을 걸고 고스톱을 치다가 싸웠다. 화가 나면 말을 하지 않는 남편은 이불을 들고 거실로 나가서 잤다. 아침에 보니 콧물을 훌쩍이고 있었다. 방이나 거실이나 온도 차는 없지만, 평소처럼 이불을 안 덮고 그대로 단숨에 잤기 때문이다. 밤마다 걷어찬 이불을 몇 번씩 다독여 주는 것도 모르더니 속으로 고소하니 깨소금 맛이다.

　우린 자라온 환경이 달랐기 때문인지 먹는 식성도 옷 입는 취향도 닮은 점이 별로 없었다. 강이나 바다를 좋아하는 나와는 다르게 남편은 비릿한 바다 냄새를 유난히 싫어했다. 똑같은 드라마를 봐도 나는 주인공들이 주고받는 대사에 집중하고, 남편은 배우들의 성격이나 외모를 따진다. 외모를 보는 기준도 달랐다. 심하게 마른 사람을 늘씬하다던가, 어질고 순수하게 생긴 모습인데도 생기가 없다던가 야무진 구석이 안 보인다는 식으로 말한다.

　처음에는 그런 사소한 일상들과 생각 차이로 다툴 때가 많았다. 그런데 이제 나이 오십에 들어서고 보니 서로가 편해지려고 각자의 의견을 접을 때가 많다. 그러다 보니 서로가 많이 닮아간다. 먹는 것도 이젠 누가 더 좋아하는 음식인지 원조가 불분명하다. 바다에 가면 남편은 소주에 회를 먹고, 난 모래밭을 실컷 걷는다. 꽃가루 알레르기나 벌레에 유난히 예민하지만, 이제는 산에도 가끔 함께 오른다.

　좀 더 희망적이고 나은 미래를 위한 공동목표를 위해 함께 달리다 보니 타협점이 생긴 것 같다. 뒤돌아보니 부부싸움을 한 지가 꽤 오래된 것 같다. 이젠 체력이 예전 같지 않구나 하는 생각도 든다. 그런데 고스톱이 뭐기에 싸웠나 곰곰이 생각해 본다.

　나는 마지막 장을 내었는데, 남편은 아직도 두 장이 남아 있던 게 발단이었다. 내가 처음부터 두 장이 모자랐던지, 남편이 안 내고 뒤집기만 했든지 분명하지가 않다. 그런데 둘 다 자기는 안 그랬다 한다.

딸이 지나가면서 한마디 거든다.

"동영상 찍으면서 하세요."

동영상 찍으면서 할 일은 아니란 걸 둘 다 안다. 남편은 모처럼 대박 점수인데 무효라는 내 말에 열 받고, 나는 어차피 지는 판에 손해 볼 게 없으니 웃음이 실실 나온다. 아무리 부부는 한 주머니라지만, 승리욕에 강한 우린 결코 양보란 없다. 싸움이란 게 어느 집이든 알고 보면 별것이 아니다. 사소하고 시시콜콜한 작은 일에서 시작한다. 조금만 양보하고 상대를 이해하려고 든다면 해결점은 반드시 찾게 마련이다. 집단이든 가정이든 누가 누군가의 우위에 서서 지배하고 군림하려 들고 꼭 이겨야 한다는 고집으로 맞서기 때문이 아닐까. 정치도 마찬가지가 아닐까?

오늘 밤은 딸아이를 시켜서라도 남편을 방으로 오라고 해야겠다. 지는 게 이기는 거라 했으니 또 한 번 지는 척해야겠다.

(2014년)

꿈을 그리다

　지난 연말에 달력을 선물 받았다. 해가 바뀌기 전에 으레 몇 개 정도는 받는 거라 특별한 느낌은 없었다. 다만 달력 인심도 예전 같지 않아서 맘에 드는 달력 만나기가 쉽지 않던 터라 고마웠다. 요즘 달력이 흔하지 않은 이유가 홍보 효과에 견줘 제작비용이 많이 드는 점도 있지만, 찾는 사람이 줄어든 이유도 있다고 한다.
　포장을 뜯고 마주한 표지에 '아흔 살 할머니 화가가 되다. 염○○ 그림작품' 그리고 그림 12점과 흑백 가족사진 '구십 평생 1녀 3남을 위해 헌신하신 어머님께 바칩니다.'라는 문구와 사진을 보는 순간 그림을 그린 작가가 지인의 어머니인 것을 단박에 알 수 있었다.
　얼른 첫 장을 넘기는 순간 예상치 못한 그림에 시선을 뗄 수가 없었다.

색연필로 가볍게 그린 듯하면서도 신선한 색감이다. 동백꽃에 앉은 동박새의 표정도 편안하고 여유로워 보인다. 누구도 따라하기 힘들 것 같은 색칠이다. 우울증을 앓던 구순을 바라보는 할머니가 처음 그린 그림이라 믿기 어려웠다.

달력 속 그림을 그린 화가를 꼭 만나 보고 싶던 차에 지인으로부터 그림 전시회를 한다는 연락을 받고는 모든 일을 제쳐 두고 전시회장을 찾았다. 축하객들은 대부분 자녀와 친분이 있거나 그림과 관계있는 일을 하는 사람들이었다.

오신 분들께 와 주셔서 고맙다고 인사를 하는 모습은 평범한 이웃집 할머니와 다르지 않다. 다가가서 손을 맞잡고 인사를 해보니 자신이 그린 그림보다 더 편안하고 따뜻하다. 작품에는 작가의 영혼이 담겨 있다는 말이 맞는 듯하다. 치매에 걸린 남편을 집에서 돌보다 사별한 후 우울증에 시달리다 의사와 가족들의 권유로 그림을 그리기 시작했다고 한다. 어머니의 그림 그리기를 눈여겨본 자식들이 스케치북과 색연필, 물감, 참고용 사진과 그림을 가져다 주며 응원해 준 덕분이라고 했다.

초가집과 고향, 매화, 목련, 해바라기 등 주변에서 흔히 볼 수 있는 꽃 그림 위주였다. 옛날 병풍이나 족자를 만들 때 꽃 자수를 했던 경험이 있어서 꽃 그림이 더 친숙했다고 말씀하시는 것을 보니 기억 속에 간직했던 옛 추억을 불러내어 그림을 그렸을 것이라 미루어 짐작했다.

중견 화가로 활동 중이신 최성숙 문신아트홀의 대표도 할머니 곁으로 다가와 고령의 할머니가 혼자 연습으로 그린 작품이라 믿기지 않았다며 감탄하지 않을 수 없다고 했다. 할머니의 창작품을 전부 매입해서 전시는 물론 티셔츠와 가방 등 상품으로 개발하겠다고 했다. 염 할머니의 수수한 옷차림과 편안한 표정이 그대로 배어 있는 작품들이다. 그림 속에서 그런 신선한 에너지가 나오는 것을 처음으로 경험했다. 유명 화가를 단숨에 홀릴 만한 작품들이다.

아흔 살에 자기 꿈을 이룬 할머니를 보면서 나는 그 오랜 시간 글을 써 왔지만, 발표작조차도 챙겨두지 못한 게으름이 부끄러웠다. 이런저런 생각으로 밤잠을 설치게 되었다.

학교 다닐 때 미래 직업란에 농장주나 농부를 적었는데 결혼하면서 꿈과는 거리가 좁혀지지 않았다. 당장 사는 일에 매달리다 보니 본래의 꿈이 무엇인지 생각조차 하지 않고 달려온 것 같다. 아이를 키우면서 학교가 가깝고 생활이 편리하다는 이유로 20년을 넘게 아파트에서 살다 보니 더 그랬다. 그런데 할머니 화가의 전시회에 와서 그림 위로 비치는 나 자신을 바라보니 그간 참 많은 핑계를 대며 살았던 것 같다. 다행히 최근에 결혼으로 아이들이 분가하고 둘만 남다 보니 자연스럽게 시골 마을로 이사를 하면서 예전에 꿈꾼 삶을 기억해내기는 했다.

꿈에 그리던 전원생활이지만, 그냥 되는 게 아무것도 없다. 일기예보에도 없던 비라도 내리면 재빨리 집으로 돌아가 빨래를 걷어야 하고 말려두었던 장작개비도 덮고 후다닥 비설거지를 해야 한다. 볕살이 좋아 널어 두었던 표고버섯이며 김부각도 안으로 옮긴다.

아파트에 살 때는 경험하지 못하는 일거리다. 그래도 사선으로 떨어지는 빗줄기는 한 편의 동영상을 보는 듯 멋있다. 타닥타닥 장작 타는 소리도 싫지 않다. 강아지도 한 마리 얻어와서 마당 귀퉁이에 집을 지어 주었고, 남편은 머지않아 닭도 몇 마리 키우자고 할 듯싶다.

또, 이 마을의 특이한 점이라면 대문이 없거나, 있어도 대부분 열어둔다. 지나가는 누구라도 불쑥 들어와 이야기를 풀어놓고 간다. 처음에는 예고도 없이 찾아오는 손님들이 신경 쓰였지만, 여기 나름의 규칙이 정해져 있음을 알고는 안심했다. 운동 삼아 하던 일도 욕심을 내면 중노동이 되는 것도 촌 일이다. 텃밭 가꾸기가 그렇다. 상추나 쑥갓 정도를 심던 것이 가짓수가 늘고 양도 많아져서 고추도 김장용에서 고추장 담글 만큼 심는다.

농사일이란 것이 한번 시작하면 마무리를 짓고 일어서야 한다. 모종 옮기기가 그렇고 풀매기도 그렇다. 그러다 보니 농사일은 아무나 못 한다고 손사래 치는 사람이 많다. 다행히 우리는 농사일을 해본 사람들이라 요령껏 하다 보니 재밌다. 남편과도 호흡이 잘 맞아 나무를 주워 오거나 장작 패는 일도 전문가 수준이다. 남편도 시골살이에 대한 꿈이 있었던지 밭을 갈거나 비닐 덮는 일을 남의 손을 빌리지 않고 직접 한다. 밖으로 나가기를 좋아하던 남편이 집안일에 재미를 붙인 것도 신기하다. 시골살이로 이미 나의 꿈은 어느 정도 진행되고 있었지만 모르고 지냈는데 이번 할머니의 전시회를 보면서 깨닫게 된 것이다.

염 할머니의 그림 그리기가 옛날 병풍이나 족자를 만들 때 꽃자수를 했던 실력이 밑받침되었듯이 나 역시도 시골살이가 낯설지 않아 쉽게 적응하는 중이고 작은 농부로서 나의 꿈을 잘 그리는 중인 것 같다.

벽에 걸린 할머니 화가의 홍매화가 나의 꿈을 응원하듯 환하게 웃고 있다.

그렇다. 꿈이란 늦은 것도 없고 또 일상에서 잘 찾아보면 우리 가까이에 있는 것 같다. 이제는 꿈을 누리고 사는 행복을 찾아봐야겠다.

part 2
뜻밖의 손님

폴리의 외출・뜻밖의 손님・나눠 먹기・평범한 일상이 그립다・풀리지 않는 숙제・자유로운 날을 기다리며・건강한 사회를 꿈꾸며・여행 가고 싶어라・함께 가는 길・농촌! 강소농에서 희망을 찾는다

폴리의 외출

　매화꽃이 피기 시작한 2월 어느 날이었다. 휴대전화기 벨 소리가 요란하게 울려서 보니 낯선 번호다. 일하던 중이라서 장갑 벗기가 귀찮아 잠시 망설이다가 받았는데, 전화를 건 사람은 뜻밖에도 몇 번 본 적이 있는 산 너머 사는 이웃이다.

　이웃 아주머니 말로는 시댁 행사에 갔다가 와보니, 자신의 개집에 낯선 개가 자기 개와 나란히 누워 있더라는 것이다. 자신의 집은 철제 울타리 안에 개집이 있어서 그동안 어떤 개도 들어오지 못했고, 자기 개도 탈출한 적이 없었다고 한다. 그런데 우리 개가 개구멍을 파서 들어갔다며 거의 울먹이는 목소리다. 흔히 말하는 개 사돈이 됐다는 통보다.

　풍산개인 우리 개는 땅파기 선수였고, 어제 무단외출까지 했으니 맞는 말 같다. 한 번도 본 적이 없는 우리 개를 지목한 데는 분명 그럴만한 근거가 있을 거로 생각했다. 새끼를 낳으면 책임지겠다면서 무조건 미안하다고 했다. 어젯밤 힘들었는지 새벽에 들어와 단잠에 빠진 폴리를 보니 웃음이 절로 났다. 묶여 있어 자유롭지 않은데도 이걸 풀고 나가 아빠가 되었다니….

얼마 전에는 이웃의 개가 새끼를 낳았는데, 개 아빠로 우리 개를 지목하여 찾아간 적이 있다. 사실 우리는 대문도 잠그지 않고 마당에서 개를 키운다. 그러다 보니 어쩌다 줄이 끊어지고 고리가 고장 나기도 해서 무단외출을 몇 번 한지라 이웃에게 오해를 살 만도 하다. 우리 개는 흰빛에 가까운 황색이고, 어미 개는 백구였다. 그런데 새끼는 고맙게도 검정이다. 도저히 나올 수 없는 색이라서 다행히 누명을 벗었다.

이번은 달랐다. 잠깐 자리를 비운 사이 개가 사라졌다. 목테와 줄 사이의 고리도 멀쩡하고 도망간 흔적도 찾을 수 없었다. 누가 데려갔으면 줄도 없어져야 하는데 줄은 얌전히 매달려 있는 게 이상하다. 풀리지 않는 수수께끼처럼 기분이 안 좋았는데 사건이 터지고 만 것이다.

휴대전화 달력에 이웃 개의 출산일을 저장해 놓았더니, 일정표에서 알림 소리가 들린다. 이웃 아주머니에게 조심스레 전화하니 곧 낳을 것 같다는 답변이다. 어쩌지? 한꺼번에 여러 마리 낳는다던데. 우리 집에서 다 키울 수도 없고, 분양도 쉬운 일이 아닐 테고. 요즈음은 '개 삽니다'라는 외침도 끊긴 지 오래되었다. 분양 광

고라도 해야 하나? 두 달 동안 풀지 못한 숙제가 다시 고개를 내민다.

"두 마리 낳았어요!"

전화기를 타고 들려온 그녀의 목소리가 너무나 고맙다. 그런데 두 마리가 모두 암놈이란다. 같은 핏줄의 암수를 함께 키울 수도 없고, 참 난감하다. 개를 키우는 즐거움에 비례해서 책임져야 할 일이 생긴 셈이다.

며칠 후 강아지를 보러 가서 언제 데려가도 되는지 물었더니 아직은 어리다면서 강아지를 손에서 내려놓지를 않는다. 너무 좋아서 뽀뽀라도 할 기세다.

나는 속으로 말했다.

'귀여운데 그냥 키우면 안 될까요?'

뜻밖의 손님

　봄날의 도래를 알리느라 목련 꽃봉오리가 한껏 부풀어 오른다. 아직 채 영글기 전의 꽃봉오리를 따 꽃차를 만드느라 매일 아침 아궁이에 장작을 넣어 구들방을 데운다. 밤낮으로 2개월 정도 뜨거운 방에 뒹굴어야 제대로 된 차 맛을 낼 수 있기에 정성을 다하는 중이다.

　군불을 지피기 전에 아궁이에 재가 얼마나 찼는지 보려고 무릎을 땅에 대고 고개를 쭉 빼서 아궁이 안쪽으로 들이밀었다. 순간 방고래 입구에서 번뜩이는 고양이 눈과 마주쳤다.

　"헉, 니 뭐꼬!"

　너무 놀라 뒤로 넘어지면서 엉덩방아를 찧고 말았다. 봄꽃들이 앞다투어 피지만, 꽃샘추위가 여전히 기승이다. 더구나 어젯밤은 비바람에 눈까지 내리지 않았던가? 고양이가 온기 남은 아궁이를

강한 것과 부드러움의 조화
그리고 기다릴 줄 아는 여유는 인간관계에서만 필요한 게 아니었다.

찾는 것을 이해 못 할 일은 아니다.

그런데 문제는 고양이가 먼저 놀라 도망갈 법도 한데, 어찌 된 일인지 아궁이 안에서 꼼짝을 안 한다. 불을 땐다고 어서 나오라고 해도 들은 척도 안 한다. 부지깽이로 솥뚜껑을 탕탕 쳐도 소용이 없다. 급히 지인에게 전화해 상황을 설명하니, 신문지에 불을 붙여 안으로 던져 보란다. 좀 심하다 싶기는 하지만 어쩔 수 없이 신문지에 불을 붙여 입구에 던졌다. 그러나 고양이는 요지부동이다. 연기를 마시면 나오지 않겠나 싶었지만 허사였다.

'아니 저놈이 왜 저러지, 어디가 아픈가?'

이런 경우는 본 적도 들은 적도 없던 나로서는 난감하다. 일하러 간 남편에게 전화해보니 고양이가 자기 발로 나올 때까지 자리를 비켜주고 기다리란다. 방으로 들어와 한참이 지난 후 다시 나가서 들여다봐도 꿈적도 안 하고 누웠다. 저놈이 뭘 믿고 저러나 싶어 은근히 부아가 났다. 장대로 탕탕 때려볼까, 고무래나 당그래로 끌어내 볼까 등등. 별별 궁리를 다 해봤지만, 맘에 쏙 드는 방법이 없다. 고민 끝에 혹시나 하는 맘으로 시골살이 경험이 있는 친정 언니한테 전화했다.

"옛날부터 고양이는 추우면 아궁이 속으로 들어가 재에 뒹군다. 고양이도 자존심이 있는데 그냥 나오겠나. 고기나 생선을 입구에 갖다 놓고 먹으라 하고 방으로 들어가서 지켜봐라."

언니의 처방전대로 삼겹살 구운 것과 가자미 반 토막을 지나간

달력 위에 올려 아궁이 입구에다 놓는다.

"고양아, 너 이것 묵고 너거 집에 가라 알았지!"

다짐하듯 한마디 해두고 방으로 들어와 아궁이 쪽으로 난 창문을 열고 지켜봤다. 인내심이 바닥이 날쯤에 시커먼 게 나온다. 느릿느릿 나오면서 사방을 두리번거리더니 차려 놓은 고기와 생선은 거들떠보지도 않는다. 무단 침입한 주제에 저 도도한 걸음걸이는 어디서 나오는 걸까. 문지방에 앞다리를 걸치고 늘어지게 기지개까지 켠다. 가관이다. 그러더니 아예 앉아서 명상을 즐길 무게를 잡는다. 마음 같아서는 신발이라도 집어 던지고 싶지만, 꾹 눌러 참으면서 하는 짓을 지켜봤다. 그러기를 얼마쯤 지나자 천천히 마당을 가로질러 어디론가 떠났다. 손대지 않은 고기와 생선은 담 귀퉁이에 내려놓고 한 번 더 주문처럼 말했다.

"이것 묵고 인자는 우리 아궁이에 들어가지 마래이."

솥에 물을 붓고 불을 지핀 후에 가보니 언제 왔다 갔는지 달력 위가 깨끗하다. 이것으로 예고도 없이 찾아온 뜻밖의 손님과 작은 실랑이는 끝이 났다.

이번 일로 인해 직선적이고 성미 급한 나를 돌아보게 되었다. 강한 것과 부드러움의 조화 그리고 기다릴 줄 아는 여유는 인간관계에서만 필요한 게 아니었다.

사람이나 동물이나 상대의 입장이 되어 생각해보면 딱히 이해 못 할 일도 없을 거란 생각도 해 본다.

스스로 자연과 더불어 공존하며 산다고 생각했던 일들이 떠오르며 피식 웃음이 난다. 뜻밖의 손님으로 인해 이래저래 생각이 많은 봄날이다.

나눠 먹기

　다시 가을이다. 들판의 곡식들을 거둬들이는 계절이다. 집 앞으로 관광버스가 줄을 잇는다. 사람들의 옷차림이 단풍보다 더 다양하다. 하늘을 본다. 뜨겁던 여름이 언제였던가 싶게 높고 푸르다. 일주일이 멀다고 예취기로 풀을 벤 밭두렁에 언제 나고 자랐는지 쑥부쟁이 환하게 웃고 있다. 그 위에 호피 무늬 나비가 날아와 앉는다. 슬며시 웃음이 나온다. 시골살이가 그렇다. 잡초와의 전쟁, 그 속에서 용케 버티고 살아남은 꽃들에게서 위안을 받고 사랑스러운 눈빛을 준다.

　남편과 아이들은 고구마를 좋아한다. 그래서 매년 고구마를 심지만, 고라니와 멧돼지 때문에 번번이 수확의 기대를 품고 들고 나간 바구니는 텅 비었다. 올해는 밭 이웃에 스님이 와 계시고 개도 한 마리 있다. 그 개를 믿고 이른 봄 고구마를 심었다. 올봄 긴 가뭄에 날마다 물을 주는 정성을 쏟았다. 진돗개 덕분에 고라니는 얼씬도 못 했다. 우리는 밭에 갈 때마다 뇌물을 먹였다. 아니 밭을 지키는 보수라는 말이 적당하겠다. 멸치나 과자, 그것도 없으면 달걀을 삶아가거나 초코파이를 사가기도 했다. 개는 영리해서 밭 지킴이로 한몫 톡톡히 했다. 해마다 우리 밭에서 배부르게 먹던 고라니와 멧돼지는 삶의 터전을 옮겼을까? 궁금했지만 속으로 그놈들과 싸움에서 이겼다고 의기양양 좋아했다.

고구마 알이 굵어지기 전에 고구마 순을 땄다. 충분한 물 공급과 뜨거운 햇볕을 받아 고구마 순은 윤이 반질반질 난다. 순이 너무 나가면 고구마가 잘다고 하신 어르신들 말씀을 떠올리면서 낫으로 고구마 순지르기도 했다. 종일 다듬은 고구마 순을 이웃에 인심도 쓰고 삶아 햇빛에 널기도 했다. 겉껍질을 벗기고 멸치와 볶아낸 고구마 줄기는 밥상을 빛냈다.

그러나 행복한 순간도 얼마 가지 못했다. 스님이 소임을 맡아 외국으로 떠나시고 혼자 있던 진돗개를 이장님 집으로 보낸 것이다. 호시탐탐 노렸을 멧돼지가 밤사이 고구마밭이며 옥수수까지 난장판을 만들었다. 멧돼지 부대가 떼거리로 와서 잔치했나 보다. 호스로 물을 주면서 고구마만큼은 자기가 키우겠다고 호언장담한 남편도 기가 찬 지 웃는다.

"그래도 그놈들 양심은 있제, 주인 맛보기를 기다렸다 묵는 것 봐라. 순이라도 한번 따 먹어서 좀 낫다 그자."

남편의 그 말에 나도 웃고 만다.

소 잃고 외양간 고치는 격이지만, 남은 농작물이라도 제대로 지켜야겠다고 그물을 두 겹 세 겹으로 쳤다. 그래도 고라니가 어디로 들어오는지, 밤마다 고춧잎을 한 고랑씩 먹어치운다. 감은 까치가 와서 구멍 내니 농사짓기 힘들다는 말이 절로 나온다. 그래도 가을이 되니 도시에 사는 언니들을 불러들일 만큼 바쁘다. 첫서리 오기 전에 풋고추도 따야 하고 가지도 말려야 하고 들깨도 털어야 하고 도라지며 마도 캐야 한다. 텅 빈 고구마밭에는 호박 넝쿨이 넘어와 누런 호박이 주렁주렁하다. 쓰러진 옥수숫대는 소 키우는 집에서 말끔히 가져가고 후작으로 심은 김장배추가 벌써 속이 꽉 찼다.

산으로 오르던 사람들이 내려오기 시작한다. 아침보다 배낭이 더 무거워 보인다. 열어보진 않았지만, 도토리나 산중 열매일 것이다. 그렇다. 사람들도 산짐승의 먹이를 그들의 허락도 없이 가져오는데, 그놈들이 밭에 들어와 채소나 곡식을 먹는다고 타박할 일은 아닌 것 같다. 우리가 나눠 먹지 않으니 들짐승 산짐승이 알아서 가져갔다고 생각하니 마음이 편하다.

늦은 저녁 집으로 돌아오니 대문 앞에 고구마가 한 자루 놓여 있다. 우리 집에 고구마가 없는 줄 알고 이웃에서 두고 간 모양이다. 뺏기고 뺏는 게 아니고 나눠 주면 부족한 게 채워진다는 세상사의 이치를 다시 한번 실감한다.

이제부터는 기회를 만들어 나눔 하는 습관을 만들어야겠다.

평범한 일상이 그립다

　바람이 분다. 기상청의 초특급 태풍이라는 예보가 무색하게 너무 조용하고 시원한 바람이 지나간다. 작은 일에도 매우 놀라는 시국이라 걱정했는데 다행이다. 태풍 이름은 '바비'란다. 인도에서는 들판의 우물이란 뜻으로 쓰인다 했다. 이름값이라도 하는 것인지 그간 메마른 논밭만 촉촉이 적셔주고 갔으니 고맙기 그지없다.
　그런데 '바비'와는 다른 우리 사회의 또 다른 태풍(?)은 벌써 수 개월째 여전히 우리 사회를 공포에 몰아넣는 중이다. 바로 코로나19다.
　처음 코로나19에 관한 소식을 접했을 때는 중국에서 일어나는 일로만 여기고, 저게 뭐지? 나와 상관있을까? 라고 여기며 시간이 지나면 그냥 지나갈 줄 알았다. 그도 그럴 것이 사스, 신종플루, 메르스 등의 온갖 바이러스성 질병이 세계를 휩쓸었을 때도 우리네 일상은 별반 달라지지 않았기 때문이다.

우리나라는 사계절이 뚜렷해서 추위가 찾아오면 바이러스가 스스로 소멸했고, 또는 기온이 높아져서 없어진 것도 있었다. 그런데 이번 코로나19는 정말 만만치 않다. 지난 3월 대구와 경북 일부 지역이 확진자가 계속 나오면서 특별재난지역으로 선포되기도 했다. 자연재해가 아니고 감염병으로 재난지역으로 지정되었으니, 그 놀람은 이루 말할 수 없었다. 더구나 결혼한 딸이 대구에 살다 보니 다른 사람들보다 걱정이 더했다. 물론 처음에는 대구에 코로나19 환자가 속출했을 때도 역시 별로 대수롭지 않게 생각했다. 신천지교인이 아니면 괜찮을 줄 알고 시간이 가면 자연 해결될 거라 여겼다. 막연히 잠복기가 길어 언제 어디서 노출되는지 모르는 탓에 유증상 및 무증상 감염자와의 접촉만 피하면 될 것으로 생각했다.

하지만 코로나19는 여타 바이러스성 질병과는 확연히 달랐다. 정부의 강력한 방역망을 용케도 뚫었고, 전국 여러 곳에서 확진자가 나오기도 했다. 결국, 우리 일상에서 마스크가 필수가 되어 버렸다.

온 국민이 마스크를 사들이기 위해서 줄을 서야만 했고, 그런데도 마스크를 구하지 못해 온갖 대용품이 등장하기도 했다.

친구들이랑 같이 밥 먹고, 노래하고, 차 마시고,
특별한 주제가 없어도 시시콜콜 남의 이야기로도 밤을 새우던
그런 옛날의 일상들이 그립다.

처음에는 마스크 끼는 일이 너무 답답했다. 안경에 김이 서리고 걸이에 귀가 아팠다. 관공서 갈 때 마스크를 잊고 갔다가 되돌아오는 일도 있었다. 물론 모든 게 나쁜 것만 아니었다. 마스크 덕분에 화장하지 않고도 외출할 수 있고, 농사일로 바쁠 때는 핑계 대지 않고도 일에만 전념할 수도 있었다. 집과 밭을 오가는 중에 듣는 유튜브와 라디오는 세상과 소통하는 길이었고, 몇 개월 동안 봐도 싫증 나지 않는 〈미스터 트롯〉 사람들의 노래에 빠지기도 했다. 더구나 책 읽어 주는 앱은 기억에 가물거리는 동화도 다시 들을 수 있어서 참으로 알찬 시간이었다.

그렇지만, 이제는 친구들이랑 같이 밥 먹고, 노래하고, 차 마시고, 특별한 주제가 없어도 시시콜콜 남의 이야기로 밤을 새우던 그런 옛날의 일상들이 그립다. 밥 먹자거나 차 한잔하자고 하던 말 대신 그냥 잘 지내라는 말 한마디밖에 못 하니 삭막하다. 만나서 반갑다고 손잡고 흔들면서 하는 인사 대신 눈웃음으로 말없이 지나쳐 주는 게 당연시되어 버린 요즘의 일상에서 빨리 벗어나고 싶다. 예전처럼 만나서 걱정 없이 맘 놓고 수다 떨 수 있는 그런 날들이 언제쯤 올까, 정말 그립다.

코로나19가 가져 가버린 일상다반사를 되찾기 위해서는 언젠가는 지나가겠지라는 안일한 생각은 안 되겠다. 정신 바짝 차리고 모든 국민이 예방수칙을 잘 지켜서 전파력을 차단하고 타인을 배려하는 마음으로 마스크 착용과 외출을 자제해야 할 것이다.

이번 일로 느낀 것은 유럽이나 미국 같은 선진국들의 대처 방안이 우리가 알던 그런 꿈같은 시스템이 아니라는 것이다. 반면에 우리나라 의료나 재난사태 대응 방법이 최고라는 걸 느끼면서 이 땅에 태어난 것에 감사하다는 생각이 들었다.

그리고 마스크를 끼고 있다 보니 말을 아무래도 적게 하게 되었다. 말을 줄이면 의사소통이 안 되고 답답할 것 같았는데 생각 외로 크게 불편하지 않았다. 그러니 묵언 수행하는 마음으로 마스크를 잘 끼고 정부 예방수칙을 잘 지켜서 하루라도 빨리 코로나 전쟁에서 벗어나자.

(2020년)

풀리지 않는 숙제

일을 마치고 귀가한 남편의 표정이 시무룩하다. 저녁도 대충 먹고는 침대에 기대 유튜브 시청에 열중이다. 설거지를 끝내고 방으로 들어서는 내 기척에도 반응이 없다. 대체 뭘 보나 싶어 가까이 가보니 귀여운 강아지 동영상이다. 어느새 입이 벌어지고 소리 내어 웃기까지 한다.

다음 날 아침, 육수를 빼고 건져낸 멸치를 보더니, 비닐에 담아 달라고 했다. 평소 어디를 가든 아무리 맛난 게 있어도 가지고 오거나 가는 법이 없던 사람이다. 이유를 물었더니 대답은 하지 않고 그냥 달라고 했다. 다시 물으니 마지못해 강아지에게 줄 거란다. 순간 피식하고 웃음이 나왔다. 평소에 사람들이 나눠 먹고 싶어서 포장해주는 음식도 마다하는 성격이다. 이것저것 남은 음식까지 담아 건네면서 개는 음식에 맛 들이면 사료를 먹지 않는다고 아는 체를 했다.

"내 알아서 한다."

짧게 대답하고 집을 나서는 남편의 발걸음이 가벼워 보인다. 그 이후로는 생선이나 기름진 반찬이 남으면 어김없이 싸달라고 했다. 하루는 두툼해진 비닐봉지를 건네며 도대체 어떤 개라서 먹는 걸 챙기는지 물었다가, 돌아오는 대답에 배꼽이 빠지라 웃었다.

남편이 일하는 곳에 개가 두 마리 있다고 한다. 동료 J 씨가 근처에 가면 개들이 꼬리를 흔들고 뒹굴면서 재롱을 부리는데, 다른 사람들이 가면 그냥 멀뚱멀뚱 쳐다본다는 것이다. 강아지를 좋아하는 남편은 과자와 구운 달걀을 가끔 사다 줬다고 한다. 그랬음에도 불구하고 강아지는 그때 잠깐 따를 뿐이고, 여전히 J씨만 좋아하더란다. 그래서 강아지와 J 씨의 행동을 유심히 봤더니, 평소 부지런한 품성의 동료가 음식 찌꺼기를 날마다 가져다주더라는 것이다. 품종이 뭐냐고 물으니 개가 미운지 '똥개'라고 짧게 대답했다. 개 한 마리 키우자는 남편의 제안을 몇 년째 단호하게 거절한 터라 그 개하고라도 잘 지내면 좋을 텐데 하는 생각이 들었다.

예전에 개를 키운 적이 있었다. '아끼다'라는 우리나라 진돗개와 비슷한 형태지만 덩치가 아주 크고 흰색이 눈부신 잘생긴 백구와 귀여운 강아지 세 마리였다. 개 훈련이랄 것도 없는 교육은 남편 몫이었던 반면에, 개를 키우면서 생기는 귀찮은 일은 모두 내 몫이었다. 먹이를 챙겨주고 주변 청소를 하는 등 자질구레한 일이 여간 번거로운 게 아니다. 그래도 내 발소리만 들어도 펄쩍펄쩍 뛰면서 좋아하는 게 눈에 보여 잘 챙겨주면서 정이 들었는데, 그만 누군가가 탐내어 한순간에 몰고 가버렸다. 그런 일이 있고 난 뒤로 개를 키우지 않았다.

반려견을 키우는 인구가 천만이 넘는다는 기사를 본 적이 있다. 반려동물 인구가 급증하면서 동물 관련 직업이 유망직종으로 떠오른다는 말도 있다. 개가 일자리를 창출한다는 뜻이다. 반려견의 훈련사, 미용사, 상담사, 심지어 개 때문에 일어나는 이웃 간의 분쟁을 조정해 주는 동물변호사도 있다고 한다. 그냥 웃을 일이 아니다. 절에서 반려견의 천도재를 지내주는 사람도 있다고 한다. 변호사에 천도재까지라니, 참 개 팔자가 상팔자라는 옛말이 생각난다. 그렇다고 개 팔자가 다 좋지만은 않다. 어쩌면 주인에 따라 빈부의 차가 사람보다 심하다고 할 수 있다.

예전에는 개도 농가 소득에 한몫했다. 어느 정도 키우면 개장수가 와서 사 갔다. 개장수가 왔을 때 팔지 않으면 이후 개가 집을 나간다고 할 정도로 팔고 사는 시점이 대략 정해져 있었다. 지금은 문화가 많이 바뀌어서 개장사를 찾아보기 힘들다. 그것뿐만이 아니다. 키우던 개가 원하지 않게 새끼를 낳으면 새끼를 분양하기가 여간 힘들지 않다고 한다. 개집은 기본이고 몇 달 치 사료를 얹어서 보내야 하는 실정이다. 조금 아프기라도 하면 사람보다 더 비싼 병원비를 감수해야 하는 게 현실이다 보니 개를 키우는 일은 정말 신중할 수밖에 없다.

  며칠 후, 일터에서 돌아오는 남편 얼굴이 환하다. 드디어 개가 멀리서부터 아는 체를 하더란다. 꼬리를 흔들고 뒹굴면서 다리를 하늘로 높이 들고 재주까지 부리더라고 했다. 저렇게 좋아하는 남편을 보니 마음이 복잡해진다. 강아지 한 마리 키우면 매일 싱글벙글할 사람이다. 그러나 그 뒷일은 또 내 몫이 될 것이 아닌가. 그리고 사회적인 문제까지 되는 반려견과의 이별은 언제 어떤 방법이 정답인지 몇 년째 생각해도 풀리지 않는 숙제다.

(2020년)

자유로운 날을
기다리며

　금목서 꽃향기가 마당 가득한 가을이다. 코로나로 인해 뜻하지 않게 중단된 사회생활의 공백은 자연스레 집에 있는 시간으로 이어진다. 그러다 보니 뭔가 새로운 변화를 찾던 중 남편이 퇴근길에 강아지 한 마리를 안고 왔다. 처음에는 일거리가 늘어났다고 잔소리를 해댔지만, 라면상자에서 오들오들 떨고 있는 게 안쓰러워 헌 이불을 깔고 덮어서 아궁이 앞에 두었다. 혹시 감기라도 들까 봐 틈만 나면 들여다보곤 했다. 그러던 것이 차츰 크면서 어찌나 설치고 마실 다니기를 좋아하던지 '얌전하고 공손하라'는 뜻으로 '폴리'라고 이름을 지어주었다. 그런데 이름을 그리 불러주어서 그런지 아주 순해졌다.

　반려견을 키우는 인구가 천만 명이 넘는다는 기사를 본 적이 있다. 그 천만 명 중에 내가 포함될 줄은 몰랐다. 나는 나중을 생각하라며 매번 입양을 거부했기에 남편의 개 키우기는 늘 무산되었는데, 이번에는 아예 의논도 없이 데려왔으니 어쩔 도리가 없다. 어떤 동물이든 새끼는 다 귀엽지만, 강아지는 특히나 더 그렇다. 그래서 정을 주다 보니 이제는 밥 주는 일은 내 차지가 되고 말았다. 사료보다는 우리가 먹는 반찬을 더 좋아하니 어떨 때는 폴리가 좋아하는 음식을 만들게 되는 웃지 못할 일이 벌어질 때도 있다.

둘만 사는 집에 폴리가 오고부터는 많은 변화가 생겼다. 평소에는 출근 후 퇴근까지 전화 한 통 없던 남편이 수시로 폴리를 보여달라고 영상통화를 해댄다. 심지어는 동영상까지 찍어 보내란다. 자연히 둘은 대화가 많아졌다. 물론 대화 내용의 대부분은 폴리다.

남편은 해가 지기를 기다렸다가 폴리를 데리고 운동을 하러 간다. 차에 태워 가다가 인적 드문 임도에서는 풀어놓고 뒷산 정상까지 다녀오는데 하루는 혼자 돌아왔다. 폴리는 운동길에서 유기견을 만나 논다고 따라오지를 않더라고, 지나는 말처럼 하면서 곧 돌아올 거니 걱정하지 말라고 했다. 목줄에 이름과 연락처가 있으니 잃어버린다 해도 연락이 오겠지만, 온갖 상상과 억측을 하면서 대문 앞을 서성거렸다. 몇 시간 후에 나타난 폴리는 날마다 맛난 음식을 꼬박꼬박 챙겨주는 나 대신 남편 앞으로 달려가 재롱을 떠는 게 아닌가? 이런 배신감이 있나 싶어 서운하기까지 했다. 하지만 한편으로는 친구와 사람 만나기를 좋아하던 남편이 코로나 이후 꽉 막힌 사회생활로 인해 받는 스트레스를 풀어 주는 것 같아 폴리가 고맙기도 했다.

 이렇듯 개도 밥 주는 사람보다 밖으로 데려가는 사람을 더 좋아하는데, 코로나로 발 묶인 사람들은 얼마나 자유로운 일상을 그리워하겠는가? 어서 코로나가 물러가고, 만나고 싶은 사람도 만나고, 가고 싶은 곳도 마음껏 다닐 수 있는 예전의 그런 자유로운 세상이 오기를 기다린다.

 언제 피었는지 담장 아래 소담스러운 국화가 환하게 웃고 있다.

건강한 사회를 꿈꾸며

평범하던 일상이 하루아침에 사라졌다. 눈에 보이지 않아 광고에만 이용되는 것으로 생각했던 바이러스 때문에 전 세계가 비상사태다. 그 때문인지 덕분인지 건강에 대해 어느 때보다 관심이 많다. 사람들은 평소엔 당연한 것으로 여기던 것도, 아프면 다시 살펴보곤 한다. 물론 나도 마찬가지다. 평소 건강에 대해 자신만만했던 나였지만, 나이가 드니, 생각지도 않은 곳에서 아프다고 신호를 보낸다. 가령, 며칠을 해도 아무렇지 않던 호미질을 몇 시간만 해도 손목이며 허리가 아파서 얼른 호밋자루를 내려놓고 쉰다. 책이나 신문도 마찬가지다. 욕심껏 보면 눈이 침침하고 흐릿해진다. 젊음만 믿고 건강에 대해 자만했던 날들이 부끄러워진다.

반나절 동안 불을 지핀 황토방은 까치발을 해야 들어갈 수 있을 만큼 뜨겁다.
나는 자연스레 이 방에서 건강과 여유를 챙기는 법을 찾았다.
그리고 때론 시시콜콜한 이야기를 하는 것만으로도
생활에 활력이 됨을 알기에 친구들을 자주 부른다.

그런데, 이게 나만의 문제는 아닌 모양이다. 직장생활을 하는 동갑내기 친구도 소소하니 아픈 데가 많다며 평소 황토방에서 자고 싶다고 늘 말했다. 그러더니 어느 날 파김치 모양새를 하고 아예 퇴근을 우리 집으로 했다. 몇 달 동안 하루도 쉬지 못한 채 강행군을 했다고 푸념을 늘어놓는다. 평소 옆에서 봐 왔던 터라 정말 그럴 거라는 생각을 했다.

불쏘시개용 마른 솔잎을 아궁이에 밀어 넣고 그 위에 장작을 얹는다. 그렇게 반나절 동안 불을 지핀 황토방은 까치발을 해야 들어갈 수 있을 만큼 뜨겁다. 친구는 얼마나 고단했던지 저녁을 먹는 둥 마는 둥 하고는 기절하듯 쓰러져 잤다. 꼬박 12시간을 그렇게 자고 다음 날 일어났다. 방바닥에 아무것도 깔지 않아서 맨발에 화상이라도 입을까 수건을 받쳐주고, 어쩌다 몸부림으로 이불을 걷어차면 방바닥이 식을세라 장롱에서 새 이불을 꺼내 깔아놓기도 했다. 또, 문틈으로 연기라도 새어들어 올까 봐 공기청정기 숫자에 신경을 쓰느라 잠을 설친 나와는 다르게 잘 잤다니 다행이었다. 친구는 뜨거운 황토방에서 자고 일어나면 온몸이 개운하다고 했다.

예전부터 황토가 여러모로 좋다는 것을 알고 있었기에 둘은 한참이나 황토 칭찬을 아끼지 않았다. 황토밭에서 자란 고구마는 단맛이 깊다거나 비료나 거름이 귀하던 시절에 겨울이면 논밭에 황토를 넣는 일이 중요한 일거리라는 것, 또 황토에는 인체에 이로운 미생물이 존재한다거나 원적외선을 방출하여 생명력이 뛰어나다는 전문가에게 들은 지식도 보탰다.

　우리 집 황토방은 다른 집과는 조금 다르다. 질 좋은 황토로 만든 방에다 좋은 장작으로 불을 지펴서 이른 봄부터 목련꽃을 말리고, 뽕잎과 메리골드꽃 등을 겨울이 오기 전까지 말리고 숙성시키다 보니 사람들이 '꽃향기를 품은 약방'이라 부른다. 육십을 바라보는 우리 세대의 몸에 쌓인 피로를 풀어주는 황토방에 어울리는 이름이다. 나는 자연스레 이 방에서 건강과 여유를 챙기는 법을 찾았다. 그리고 때론 시시콜콜한 이야기를 하는 것만으로도 생활에 활력이 됨을 알기에 친구들을 자주 부른다.

　길어도 한 달 정도면 끝날 것 같던 코로나19와 우리는 여전히 싸우는 중이다. 감염병이 코로나19, 이것으로 완전히 사라지지 않는다면 어떻게 할 것인가. 그럴 때는 자신에게 맞는 힐링 수단을 찾아서 스트레스를 풀고, 자기 스스로 면역력을 키워서 강해져야 한다고 말하고 싶다. 방바닥은 여전히 뜨겁고 친구와의 수다도 이어지고 있다.

(2021년)

여행 가고 싶어라

　코로나19의 유행이 생각보다 길어지다 보니 본의 아니게 집에만 있는 생활이 늘어나고 있다. 덕분에 집에 있는 생활에 적응이 되는지 코로나에 대한 면역력이 생겨서인지 휴대전화기에 안전안내문자인 빨간 표시등이 켜져도 예전처럼 놀라지 않고 읽는다. 그리고 백신을 둘러싼 온갖 억측에 백신주사를 안 맞겠다던 사람들도 어느 정도 홍보가 되었는지 이제 빨리 차례가 돌아오지 않는다고 짜증을 부리고 있다. 설상가상으로 기상 관측 이래 가장 덥다는 날들이 길어지더니, 연이어 장마까지 겹치고 있다. 그래서 그런지 집을 떠나 어디 새로운 곳으로 떠나고 싶은 욕구가 자꾸 커진다.

　지극히 평범한 일상이 단절되고 어느 날 갑자기 찾아온 낯선 환경에 적응하기 위해 우리는 모두가 노력하는 중이다. 그러나 어찌

보면 나에게는 특별히 달라질 것도 없는 일상이기도 하다. 마스크를 쓰고 손 소독제를 화장품처럼 지녀야 하고 사람들이 많이 모이는 곳에 가지 않는 것을 제외한다면 정작 해야 할 일이 줄어든 것도 아니다. 여전히 할 일은 넘치고 먹을 것도 똑같이 먹는다. 단지 자유롭지 못한 일상에 불편하고 갑갑함을 느끼고, 마스크 속 사람들의 표정을 읽어내지 못하니 조심해야 할 뿐이다.

복잡한 생각을 안고 8월 6일 백신 1차 접종을 했다. 모더나로 예약을 했는데 화이자로 바뀌었다. 모더나는 안 아픈데 화이자는 많이 아프다고 해서 겁이 났다. 더구나 먼저 맞은 두 언니와 단짝 친구는 정말 많이 아팠다고 했다. 고열과 근육통에 시달리다 결국에는 응급실까지 다녀왔다는 작은언니의 경험담 때문에 더 겁을 먹었는지도 모른다. 더구나 형제자매는 증상이 비슷하다고 하니까. 또, 백신 맞기 전에는 잘 먹어서 면역력을 높여야 한다는 사람, 그 반대로 말하는 사람, 어느 게 정답인지도 모르는 상황이다. 열이 나면 타이레놀을 먹어야 한다는 것은 맞는 말 같았다. 약국마다 타이레놀이 바닥났다고 해서 왕복 한 시간 거리의 친구에게 타이레놀을 얻으러 가기도 했다.

"아, 잠깐만요."

팔에 주삿바늘을 꽂으려던 간호사가 멈칫하며 나를 쳐다본다.

"팔에 고무밴드 안 묶나요?"

간호사가 빙긋이 웃는다.

"고무줄은 채혈하거나 링거 꽂을 때나 합니다. 독감 예방주사 안 맞아 봤어요?"

학교 다닐 때 단체 예방 접종 말고는 예방주사 맞은 기억이 없으니 순전히 경험 부족이다. 굳이 변명하자면 병원의 실수로 과량으로 백신주사를 맞은 사람들이 있다는 보도를 봤기 때문에 잠재된 불신과 주삿바늘에 대한 공포 때문일 수도 있었다고~.

백신주사를 맞고는 미리 해열제를 먹어야 한다는 사람과 해열제를 먹으면 효과가 낮아지니 미리 먹을 필요가 없다는 것을 두고도 고민을 해야만 했다.

다행히 그런 걱정을 지나치게 했던 덕분인지, 주사 맞은 부위가 약간 아픈 듯했지만 특별한 증상 없이 잘 지나갔다.

사람들이 고생하면서도 여행을 다녀오면 새로운 에너지가 생긴다고 말들을 한다. 단조로운 일상에서는 새로움을 발견하기 힘든 까닭이 아닐까?

지금 우리가 겪고 있는 코로나 시국도 감염병에 대한 사람들의 경각심을 높이고 더 안전하고 건강한 사회를 위해서 겪는 고통쯤으로 여기며 불편하고 힘들어도 잘 참고 견디어 보자. 머지않아 코로나도 물러가고 자유롭게 여행 다닐 수 있는 날이 오겠지.

함께 가는 길

　설레는 마음으로 내딛는 무풍한송로 입구에 '부처님과 함께라서 행복한 길'이라는 현수막이 축제 분위기를 띄워준다. 거기다 며칠 전 태풍 콩레이가 지나간 뒤라 계곡물은 더 맑고 깨끗하다. 새소리 물소리 바람 소리가 온갖 잡념을 다 잊게 한다. 세계문화유산 등재를 기념하는 의미로 통도사가 새롭게 선보이는 다양한 볼거리가 산문에서부터 이어진다. 특히 걸음을 뗄 때마다 만나는 같은 듯 다른 여러 괘불의 아름다움과 그 장엄함에 가슴이 뛰고, 고개가 절로 숙어진다. 부도탑을 지나 '양산시 양산의 거리'라는 표시가 보인다. '양산의 거리'라 해서 고개를 갸우뚱했으나, 거리를 만든 취지를 읽고 이내 고개가 끄덕여졌다.
　'양산의 거리'에 전시된 양산(우산)에는 단청기법으로 대웅전 천장 반자의 '범자육화문양'이 그려져 있다. 10명의 작가가 4개월

간 1,100개의 우산에 직접 그렸다고 한다. 초롱 등과 함께 만들어진 양산 터널은 보고 걷는 것만으로도 불보살의 기운을 받는 기분이다.

일주문 앞에는 이영섭 작가의 '부처님과 어린 왕자' 조각전이 열리고 있었는데, 조금은 생뚱맞아 보인다. 그러나 기획 의도가 담긴 안내 글을 읽고는 이해가 되었다.

'어른들은 누구나 어린이였다. 하지만 그것을 기억하는 어른은 별로 없다. 어린 왕자를 통해 오랫동안 잊고 살아온 본래의 성품을 되새기고 우리 안에 간직된 순수한 마음을 찾아보고자….'

천왕문 앞에는 고려 불화를 바탕으로 제작된 수월관음보살 괘불이 나에게 참회를 요구하듯 서 있다. 비즈 보석으로 장식되어 색다르면서도 아름답다. 괘불 조성을 위해 무려 2,000명이라는 인원이 참여했다고 한다. 많은 사람의 정성과 염원이 담겨 있어 그런지 더 반짝이고 눈이 부시다.

하로전 마당에 이르니 또 다른 볼거리가 입을 벌어지게 한다. 국화축제장에서나 볼 수 있을 법한 다양한 국화 분재들이다. 최근 양산시와 통도사가 체결한 상호업무협약에 따라 양산시농업기술센터가 제공한 국화들이 아닐까?

중로전까지 이어진 국화 전시는 이영섭 작가의 조각상과 잘 조화를 이루고 있어서 사람들은 사진 찍기에 바빴다. 거기에 금목서의 은은한 향까지 더해 산사의 운치를 더해 준다. 관음전 앞 감로당 벽면에 전시된 스님들의 사진전을 관람하고 돌아 나오다가, 주차장에 마련된 양산시 농산물직거래장터에 들렀다. 이 또한 양산시와 통도사의 업무체결에 따라 설치된 것이라 한다.

  장터에는 흥정하는 관광객들과 물건을 건네는 농부들의 표정이 환하다. 비록 짧은 기간이지만, 통도사를 찾는 관광객들에게 지역 농산물의 우수성을 알리는 좋은 기회다. 농가는 소득을 높이고, 관광객들은 지역의 우수한 농산물을 저렴하게 구매할 수 있게 되었기 때문이다.

  나는 이 장터가 상설화되었으면 하고 바라본다. 우산에 그려진 문양이나 비즈 보석으로 만든 관음보살처럼 다 함께 만드는 것에 사물과 사회가 무엇이 다르겠는가. 업무협약으로 맺어진 인연처럼 통도사와 지역발전이 함께 나아가길 기대한다.

(2018년)

농촌! 강소농에서 희망을 찾는다

창문을 여니 봄비에 씻긴 앞산이 초록으로 성큼 다가오는 느낌이다. 깊이 들이쉬는 아침 공기가 상쾌하다.

농촌은 매화를 시작으로 개나리, 진달래, 벚꽃 등이 앞다퉈 피기 시작하면 바빠지기 시작한다. 일하는 계절이 돌아왔다는 신호다. 먼지 묻은 장화를 털고 일 나갈 채비를 서두른다. 창고 귀퉁이에 있는 먹고 남은 감자 상자를 들고 마당 가로 나간다. 삐죽이 나온 감자 싹이 토실하니 살이 올랐다. 씨감자가 될 만한 것을 고른다. 씨눈을 피해가며 자르고 씨눈이 없는 가운데 부분은 색깔이 변하기 전에 물에 담근다. 웃자란 감자 싹은 자르고 이제 막 싹이 트는 것은 그대로 사용하기로 한다. 거름 값도 못 할 줄 알면서도 해마다 감자를 심는다. 가끔 오는 지인들에게 호미를 주면서 캐

가라고 하면 돈의 가치를 떠나 행복해하는 모습을 보려고 그런지도 모르겠다.

돌아보니 주위의 걱정에도 아랑곳없이 촌 아낙이 된 지 30년이 넘었다. 꽃잎이 바람에 날리는 것만 봐도 눈물이 핑 돌던 시절도 있었지만, 지금은 고라니가 콩잎을 먹어 치우거나 멧돼지가 옥수수밭을 초토화해도 웃을 수 있는 여유가 생겼다. 몸은 힘들어도 일한 만큼 거둬들일 수 있고 가족들의 먹거리를 직접 챙길 수 있다는 소박한 보람이 시골 생활을 유지할 수 있는 원동력이었다.

어릴 때부터 나의 꿈은 농장주였다. 그러나 부모님이나 주위에서는 시골로 시집가는 것을 말렸다. 그런데도 장가가기 위해서 과감히 촌집을 헐고 큰 집을 지어 빚이 키보다 큰 농고 출신 총각과 결혼을 했다. 그때는 젊어서인지 아무것도 두렵지 않았다. 뭐든 잘할 수 있다는 자신감으로 똘똘 뭉쳤던 때였다. 농어민 후계자금으로 땅을 사고 송아지도 샀다. 산에다 복숭아도 심고 자두도 심었다. 누가 생활비를 주는 것도 아닌 살림살이라는 걸 알았기에 결혼식 비용과 신혼여행 경비까지 아끼면서 농촌 살림살이에 대한 다짐을 단단히 했다. 농촌 생활은 욕심을 줄이면 행복하다. 승용차 대신 트랙터를 타도 너무 재밌다. 철마다 야유회 가는 기분으로 일하러 갈 때는 헌 양은냄비 하나면 충분하다. 휴대용 가스레인지가 귀하던 시절이라 돌 세 개를 받침대로 냄비를 얹고 짚불로 끓여 먹던 라면은 세상에서 젤 맛난 음식이었다. 거기다 사랑하는 사람과 함께였으니 얼마나 행복했겠는가. 그러나 나의 소소한 행복과는 달리 남편은 대출금도 갚아야 하고 부모님과 시동생까지 함께 사는 대가족 생활비도 벌어야 하니까 늘 마음이 바쁜 사람이었다.

차가 흔하지 않던 시절이라 소형트럭을 가지고 있던 우리는 같은 마을에 있는 가내공업사의 납품을 도와주는 일을 했다. 부업으로 일정한 수입은 확보한 셈이었다. 또 워낙 부지런한 남편 덕에 부채는 줄지 않았지만, 땅이 늘어가는 것만으로도 신바람 났다. 그러나 산업화에 밀려 농업이 푸대접받고, 농업인이 무시당할 때는 화가 났다. 그런데도 반박할 힘이 없었다. 복합영농을 시도했지만, 남편의 욕심을 채우기에는 부족했다.

인생의 목표가 멋진 농부였고 나와는 시골에 산다는 조건으로 결혼한 남편이지만, 농사만 짓고는 잘살기 어렵다고 했다. 기계화 영농을 주장했지만, 하늘 높은 줄 모르고 오르기만 하는 땅을 더 확보하는 일은 농사를 짓는 일보다 더 힘들었다.

평야 지대와 비교하면 규모가 작은 우리는 어떤 작목을 선택한다 해도 경쟁에서 이길 수 없는 구조라는 걸 알았다. 궁리 끝에 겸업하기로 했다. 우리가 사는 지역이 공업지역으로 발전하는 시기여서 남편은 중기대여업을 시작했다. 그러다 보니 자연스레 농사 짓는 일은 내 차지가 되었다. 농사 규모를 줄여서 농업으로 큰돈은 벌지 못했지만, 쌀을 나눠 먹고, 메주를 만들어 된장을 담아주기도 했다. 직접 돈을 받고 파는 것은 아니더라도 그 이상의 대가가 돌아오곤 했다. 제철 농산물로 만드는 갖가지 밑반찬들도 일일이 가격으로 가치를 논할 수는 없지만 중요한 소득원이었다.

농업이 단순히 농산물을 생산하는 데 그쳐서는 안 된다고 생각한다. 농산물 하나를 나눌 때도 백화점에서 파는 것보다 더 사용하기 편하고 고급스러워야 한다고 생각한다. 고춧가루나, 감식초, 각종 효소 등을 투명한 병에 담아서 식품명과 생산날짜를 적어서 준다거나, 된장, 콩잎 하나라도 그냥 비닐이 아닌 투명용기에 담아 건넨다. 그러다 보니 받는 사람들이 스스로 가격을 매겨서 물건값이라며 주고 간다. 어떤 농산물이라도 내가 만든 것은 믿고 먹을 수 있다고들 했다. 별것 아닌 것 같은 깨소금 한 병, 볶은 옥수수 한 통이라도 정성껏 포장해서 건네면 받는 사람들은 흐뭇해하고, 나는 농산물이 제대로 대접받는 것 같아 기분이 좋다. 생산자이면서 동시에 가정주부이고 소비자이기 때문에 그들이 원하는 심리를 누구보다 잘 알기 때문에 가능한 일이다.

제철에 많이 나는 농산물을 보다 효과적으로 이용하기 위해서 농업기술센터에서 여는 각종 교육에도 참석했다. 농사짓는데 굳이 무슨 교육이 필요할까 싶지만, 21세기 지식산업 시대를 사는 우리에게 배움의 열정과 근면. 성실이 융합되어야 함은 농촌이라고 예외일 수 없다. 오히려 농촌에 살수록 제대로 알아야 활용할 수 있다고 본다.

제일 먼저 90년에 운전면허증을 취득하고, 그다음으로 양산대학교 평생교육원에서 제1기로 컴퓨터 교육과정을 마쳤다. 97년에 한식 조리사 자격증을 땄다. 단순한 장아찌 하나를 담아도 조리사가 했다고 더 맛나다고 했다. 말에 힘이 실리는 듯했다. 2008년에는 대학에서 사회복지사, 보육교사 등의 자격증을 취득했다. 2012년 농촌체험지도사, 심폐소생술 등 기회가 닿는 대로 배우러 다녔던 시기였다. 촌닭이란 소릴 자주 들지만, 어떤 상황 어떤 자리의 대화에서도 밀리지 않는 당당한 여성 농업인이 되고자 노력했다.

90년대 초에는 농업기술센터 지도사님과 함께 생활개선회를 조직해서 지역 봉사활동을 시작했다. 재활용 비누를 만들어서 불우이웃을 돕기도 했고, 농가 매실을 팔아주기도 하고 매실액을 만들어 기금을 조성하기도 했다. 결혼 전 새마을 청소년경진대회 때 생활 개선 분야에 출전해서 경남도경진대회와 중앙경진에서 연속 1등을 한 실력을 유감없이 발휘한 시기였다.

또 큰아이가 초등학교에 입학해서는 학교 어머니회장과 학교운영위원을 맡으면서 학부모들과 함께 힘을 모아 학교 단체급식을 시작하게 한 일은 지금 생각해도 뿌듯한 일이다.

아이들이 중학교와 고등학교에 다닐 때는 학교상담봉사자로 봉사를 하기도 했다. 시골에 살면서도 농사만 짓는 게 아니고 농사일 틈틈이 봉사활동과 취미활동으로 멋있게 사는 농부이길 원했다. 자연스레 따라오는 별명들이 많았다. 이곳저곳 교육에서 듣고 배운 지식이나 정보를 전달하다 보니 훈장 농부, 외출이 잦다고 날라리 농부, 건달 농부, 농사 시기를 놓친다고 지각생 농부 등 참 다양하게 불렸지만, 뒤에는 항상 농부를 붙여주었으니 농부임은 틀림없다.

이쯤 해서 자랑 한 번 해보자. 지금 우리 밭에는 갖가지 채소들이 자라고 있다. 부추, 상추, 쑥갓, 들깻잎, 참나물, 부지깽이나물, 곤달비, 둥근마, 하수오, 대파, 도라지, 더덕, 옥수수, 수박, 참외, 여주, 피마자, 고추, 고구마, 감자 종류도 참 많다. 그리고 밭둑에는 감나무, 키위나무, 앵두나무, 올해 심은 거봉과 체리까지 다양하다.

새로운 품종은 먼저 심어보고 모종이나 종자 나눔도 한다. 작년에는 여주와 강황, 초석잠을 수확해서 나눠주기도 했다. 상추와 열무 등은 아무리 적게 심어도 나눠 먹을 수 있어서 항상 부자 같은 마음이다.

그러나 훈장 농부가 무색할 때도 있다. 키위나무에 관한 이야기다. 키위나무는 암수가 다르다. 암나무에 수나무 가지를 접붙이기 해서 암·수꽃이 같이 피는 것도 있다. 우리는 암수 따로 한 포기씩 사서 마주 보도록 심었다. 해마다 꽃은 피는데 열매를 맺지 않았다.

몇 년을 그렇게 보내다가 어느 날 키위를 키우는 지인들에게 물었더니 꽃이 피면 사진을 찍어 보내라고 했다. 봄이 되고 키위 꽃이 펴서 여러 장의 사진을 찍어 보냈다. 암꽃뿐이라는 답변이 왔다. 나에게 수꽃 사진을 보내오면서 수분을 시켜야 한다고 했다. 동물로 말하자면 수정인 셈이다. 키위나무가 있는 곳이라곤 멀리 떨어진 친구네 농장밖에 생각나지를 않았다. 그런데 막상 가보니 꽃들이 입을 다문 채 필 기미가 보이지 않았다. 근처 종묘상이나 농약상에 가도 키위 수분 가루는 없다고 했다. 주변에 키위 심는 농가가 없어서 당연한 것 같다. 인터넷으로 사라는 말만 듣고 전화를 했더니 수분 가루는 겨울에 이미 주문과 배달이 끝났다고 했다. 그래도 여기저기 발품을 판 덕분에 뒤늦게 수꽃을 구했다. 그리고 몇 시간을 전화기를 잡고 수분 방법을 물었다. 한 사람에게 너무 많이 묻는 것 같아 키위나무가 있을 만한 집에는 전화를 다 돌려서 물었다. 집마다 수분 방법도 다양했다. 암꽃에다 수꽃을 비벼 주라는 사람, 수꽃을 말려 가루를 낸 다음 물뿌리개로 뿌리는 법, 숯가루랑 함께 분쇄해서 붓질하는 법, 그중에서 내가 택한 것은 수꽃을 분쇄기로 곱게 갈아 그림 그리는 붓으로 암꽃에 붓질하는 것이었다. 마음이 급해서 땡볕에 모자도 쓰지 않고 의자에 올라가서 나무를 쳐다보고 한 송이 한 송이 묻혀주었다. 수꽃에 색깔을 입히지 않아서 했던 걸 또 하고 나오면서 또 하고 암꽃이 멍이 들도록 했다. 그래도 수분이 되었는지 확신이 서지 않아 날마다 키위 꽃을 들여다봤다. 키위 한 그루에 꽃이 그렇게나 많이 핀다는 사실을 처음 알았다. 얼굴이 벌겋게 달아오르고 화끈거리는 게 햇빛 때문만은 아니지 싶었다. 몇 년 동안 열매를 맺지 못하고 떨어졌을 암꽃들의 환호성 때문이었지 싶다. 수분한 지 일주일쯤 지나자. 꽃이 지고 열매가 조롱조롱 매달렸다.

"야호, 성공이다."

혼자 신나서 감탄사와 만세를 불렀다. 그 순간 가슴에 차오르는 벅찬 기쁨은 말로 표현할 수 없다.

심지어 지나가는 사람들에게 키위가 매달렸다면서 한번 보라고, 내가 수분시켰다고 자랑을 했다. 그러나 사람들은 다른 집은 저절로 열리는 것 같던데 하면서 신기해하지 않았다. 그래도 모임에 가기만 하면 키위 수분 이야기에 열을 올렸다. 혹시라도 궁금해하면 수분 방법을 전달하기에 바빴다.

새로운 품종이나 신기한 농법은 반드시 배워서 이웃에게 전달하고 가르치는 게 내게는 신명 나는 일이다. 타고난 저마다의 소질을 꼽으라면 난 농사일을 배우고 전달하는 것으로 말하겠다.

두 아이가 대학을 졸업하고 취업함으로써 시간이 많아진 나는 다시 시작하는 마음으로 여성 농업인으로서의 자리매김을 위해 동분서주하는 날을 보내고 있다. 요즈음 유행하는 작지만, 강한 농업경영체인 강소농으로 마을기업을 만들어 다 함께 잘사는 마을을 만드는 게 꿈이다.

첫걸음으로 2012년 농촌체험지도사 과정을 공부했다. 차별화

된 경쟁력으로 자립 경영할 수 있는 강소농 육성과 농업소득향상을 목표로 지원해주는 교육이다. 양산시가 농촌문화체험대학을 개설하고 모집하는 과정이었다. 농사짓기도 바쁜데 일 년 과정이고 수업도 야간이 아닌 오후 2시부터다. 그런데도 지원자가 많아 농업기술센터 직원과 교육기관 지역 아카데미에서 직접 나와 면접을 봤다. 다양한 이력을 가진 막강한 지원자들로 보였다. 떨어질지도 모른다고 걱정했다. 그렇지만 농업에 대한 자부심이나 열정, 앞으로의 계획에서는 내가 최고라고 스스로 자부하면서 당당하게 답변해 나갔다. 자신감과 의욕에 찬 나를 보고 면접관이 말했다.

"외모로 봐서 그냥 교육이나 받으려고 온 사람이 아닐까 생각했는데 아니네요."

몇 명이나 떨어졌는지 알 수 없지만, 탈락자가 생길 때 바로 들어올 후보자들이 수업시간마다 청강생으로 앉아 있었다. 교육생들의 나이도 30대에서 70대까지 다양했다. 진지한 수업 열기는 질문으로 이어지고 진행자가 수업을 종료시키지 않으면 밤을 새울 지경이었다. 선도 농가를 방문하고 정보교환을 하면서 내가 잘할 수 있는 분야가 무엇인지 고민했다.

우선 실천 가능한 것으로 한 가지씩 해봤다. 먼저 혈액순환에 도움이 된다는 어성초를 차로 만들어 주변 사람들에게 나눠 주면서 반응을 봤다. 차를 만들기까지는 별 어려움이 없었다. 그러나 누구나 심고 생산할 수 있기 때문인지 공짜로 주면 좋아했지 선뜻 사겠다는 사람은 없었다.

그다음은 뽕잎이었다. 어린 오디와 뽕잎을 함께 따서 녹차 만드는 방법으로 덖어서 만들어봤다. 효능이나 맛으로도 우수했다. 지퍼 팩에 넣었더니 보관에는 문제가 없었지만, 상품성에는 조금 부족한 듯하여 유리병에 넣었다. 사람들의 반응도 좋아서 일단은 합격점이다. 엿기름을 이용해서 식혜를 만들고 조청을 만드는 것도 해봤다. 호박이 많을 때는 호박을 넣고, 일교차가 클 때는 무를 삶아 만든 조청을 권하기도 했다. 특히나 호박으로 만든 노란색 식혜는 아이들이 좋아했다. 주변에서 나오는 잡목 등을 이용해 연료비도 절약했다. 거기다 구들방이 뜨거워 찾아오는 사람들이 찜질방이라며 좋아했다. 일거양득의 효과다. 상품으로 판매되기까지는 해결해야 할 문제점이 있었다. 우선 오래 보관이 힘들어서 주문 생산이 되어야 한다는 점이다. 이 과제는 숙제로 남기기로 했다.

그다음은 우연한 기회에 마시게 된 목련 꽃차다. 오래전 봄철 알레르기로 눈가가 가려웠다. 병원에 가도 낫지 않아 엄청난 고생을 하던 차에 친정 언니가 얻어온 말린 목련 꽃차를 마시고 말끔히 나은 일이다.

그 후 해마다 조금씩 만들어 마시던 목련 꽃차를 생각해낸 것이다. 목련 꽃봉오리는 신이辛夷라고 하여 예전부터 약으로 쓰이고 진통과 소염에 효능이 있으며 코 막힌 것을 뚫어 준다고 했다. 실제로 몇 년 동안 주변에 나눠 주면서 반응을 봤다. 비염과 알레르기에 효과가 뛰어남을 알았다. 그리고 감기 예방에도 좋았다. 봄철 미세먼지로 목이 아플 때나 여름철 에어컨으로 몸이 차가워졌을 때도 정말 회복력이 우수함을 알 수 있었다. 어린 목련 꽃봉오리를 따는 일부터 차로 완성하기까지는 여러 가지 과정을 거친다. 목련 꽃차는 다른 사람들과 차별화를 두고 만들었다. 그냥 마시는 차가 아니고 눈으로 보고 즐기면서 맛으로 효과를 보는 그런 차다. 그러기에 단순히 따서 말리는 게 아니다. 어린 꽃봉오리를 감싸는 겉껍질을 벗기고 꽃잎을 한 장씩 한 장씩 펴가면서 말린다. 방바닥에 손바닥을 갖다 대면 화상을 입을 정도일 때 한지를 깔고 그 위에서 목련꽃을 두면 된다. 한 송이가 차로 완성되기까지는 한 달 이상을 방에서 숙성시켜야 한다. 그렇게 만든 목련 꽃차는 뜨거운 물속에서 노란 목련으로 다시 핀다. 이 힘든 과정을 지켜본 사람들의 입소문으로 목련 꽃차가 완성되기도 전에 주문이 들어왔다. 목련차를 가지고 가는 사람들에게는 덤으로 만드는 법을 가르쳐 주었다. 시골 어디에서나 흔히 볼 수 있는 목련이고 공기 좋은 곳에서 자란 목련이면 누구나 만들 수 있으므로 많은 사람이 만들어 먹었으면 했다. 사람들은 나더러 목련 꽃차의 명인이라고 했다. 도인의 경지에 오른 사람 같다는 덕담도 했다. 그처럼 심혈을 기울여 차를 만들었다. 근처의 다도 회원들이 찾아와서도 최고의 차라면서 단체주문으로 가져가기도 했다.

올해는 주변 사람들은 다 만들 거로 생각하고 우리 먹을 것만 만들려고 했는데, 작년보다도 더 많은 사람이 미리 주문해왔다. 다관에서 꽃이 피는 것도 다르고 맛과 효능도 차이가 난다는 게 다시 찾는 사람들의 이야기다.

외출을 서두르던 남편이 울상이다. 목련 겉껍질 다듬는 일을 도와주다 손톱 밑과 손가락 끝이 물든 탓이다. 농사짓는 아내를 둔 훈장이라는 말에 고개를 끄덕인다.

친구가 카톡으로 도시농업박람회에 갔는데 나랑 같은 병에 꽃차를 담아서 얼마에 팔고, 만든 사람과 파는 사람이 달라서 꽃차에 대한 설명도 부족하다고 했다. 그러면서 나더러 가격을 올리라고 조언해 주기도 했다. 그래서 그런지 도시농업박람회 이후 갑자기 찾는 사람이 늘어 목련꽃차 판매량이 많았다. 특별히 전시판매를 하거나 광고를 한 것도 아닌 순전히 사 간 사람들의 입소문이 전부였다.

이것으로 작지만 강한 농업경영체인 강소농의 희망을 본 것이다. 큰 기업이 아닌 작은 농가들이 모여서 성공하는 농업이 바로 농촌경제를 활성화하고 어려운 농업 현실을 극복하는 길이라 믿는다.

내가 생각하는 농촌과 농업은 단순히 농산물을 생산하는 곳이 아니다. 21세기는 문화의 시대라고 한다. 문화재는 잘 전시된 박물관이나 유적지에만 있는 것이 아니다. 문화는 시간과 공간, 자연과 지리, 생활이 어우러지면서 만들어지는 것처럼 우리가 사는 농촌은 살아있는 문화를 간직한 곳이다. 농촌을 찾는 사람들도 단순히 경치를 보고 즐기기보다 직접 참여하는 여행객이 늘어나고 있다. 그들은 흐르는 땀을 흙 묻은 손으로 닦아도 보고 모기 떼의 공격에 살갗이 벌겋게 부풀어 오르는 경험도 마다하지 않는다. 이런 시대의 변화를 잘 수용해야 한다고 생각한다.

 보고 먹고 느끼고 즐기기에, 충분한 곳으로 만들어야 경쟁력에서 뒤처지지 않을 것이다. 이것은 혼자의 힘이 아닌 마을공동체가 함께할 때 가능한 일이다.

 어느 날 내게 쓴 메일함을 열어봤다. 눈물로 썼을 편지가 눈에 띈다. 내가 좋아서 선택한 농촌이고 남편이지만, 살아오면서 묻어둔 아픔을 발견한다. 이럴 때 나는 강가를 찾는다. 에메랄드빛도 아니고 쪽빛도 아니지만, 말없이 흐르는 강물을 보면 위안이 될 때가 있다. 이름 모를 풀과 갈대가 온몸을 바람에 맡기고도 쓰러지지 않는 모습이나 물을 차고 오르는 하얀 새들의 몸짓에도 굳었던 마음이 열린다. 바지를 걷어 올리고 맨발로 강가를 걷다 보면 생각지 못한 지혜가 생기기도 한다.

 누구나 살아가면서 억울하고 답답한 일에 부딪힐 때가 있다. 그럴 때 찾을 수 있는 곳이 농촌이 아닐까. 팍팍하고 버거운 삶에 힘들어하는 사람들이 와서 쉬고, 치유될 수 있는 농촌을 만들고 싶다. 굳이 애쓰고 가꾸지 않아도 철마다 지천으로 피어나는 야생화 정원을 둔 이곳으로 누구라도 와서 맘 편히 머물다 갈 수 있는 그런 곳을 만들고 싶다.

  모두가 꿈꾸는 그런 농촌은 기업농이나 전업농보다는 작지만, 강한 농업경영체를 가진 여성 농업인의 힘이 보태져야 가능하므로 농촌의 희망은 강소농에서 이루어진다고 믿는다. 뻐꾸기 소리가 조용한 아침을 흔든다. 누구나 꿈꿀 수 있는 농촌은 아름답다.

(2017년)

part 3
행복은 생각하기 나름이다

새로운 도전 • 오월에는 • 편지 • 불이문 • 소금 이야기 • 차 마시기 좋은 날 • 행복은 생각하기 나름이다 • 지금 우리들의 고향은 • 그녀 • 행복마을

새로운 도전

 가수 JK 김동욱이 우리 고장에 왔다. 야외공연장에서 하는 밤 공연이라 두꺼운 외투를 걸치고 일찌감치 무대가 잘 보이는 앞자리에 앉았다. 그게 뒤에 오는 사람들을 위한 배려일 것 같아서였다. 더 솔직히 말하면 김동욱 씨를 좀 더 가까이에서 자세히 보기 위해서였다.
 문화센터 수강생들의 난타 공연과 여러 공연이 차례로 이어졌다. 이렇게 많은 동아리가 우리 고장에 있었다는 새로움에 시간 가는 줄 몰랐다. 하지만 한자리에 꼼짝하지 않고 세 시간 동안 앉아 있으니 겨울 외투도 찬 바람을 막아내지는 못했는지 서서히 한기가 느껴졌다. 그래도 꾹 참고 피날레를 보고 가리라 했다.
 추위에 떨며 기다린 보람이 있어 드디어 기다리던 김동욱 씨가 무대에 등장한다. 운동화에 편한 옷차림이다. 거기다 모자를 눌러

쓴 평범한 이웃집 아저씨 같다. 객석은 그를 환호로 맞았고, 조금 전까지는 무대에서 공연하던 사람들이 이제는 관객으로 바뀌었다. 실버 댄스, 난타, 관악, 현악, 재즈음악, 사찰학춤까지…. JK 김동욱을 좋아하는 세대로서 이 무대를 얼마나 기다렸던가. 아이돌 가수에게 열광하는 십 대 팬들은 못 따라가겠지만 마음만은 그에 못지않다.

무대를 비추는 강한 조명이 눈을 못 뜨게 한다면서도 정성을 다해 부른다. 한 곡을 부르고 누군가 건네준 생수를 마신다. 다음 곡도 온 힘을 다해 부른다. 그가 말한다. 미리 와서 사람들 틈에서 기다리는데 추웠단다. 이런 추위에 늦은 시간까지 기다려 줘서 감사하다고 했다. 진지하고 겸손하다. 관객의 분위기를 파악하고 이해하려는 노력이 눈에 보인다. 다시 그가 큰 소리로 말한다.

"여러분에게 감사의 표시로 뭘 해 드릴까요?"

그 말이 끝나기가 무섭게 객석에서 소리가 들렸다.

"포옹이오!"

가늘지만 또렷한 음성이다. 순간 난감한 표정을 짓던 그가 소리 지른 사람에게 무대 위로 올라오라고 했다. 기회를 잡은 사람은 25살 아가씨였다. 이 무대를 즐기기 위해 마음만 잔뜩 설렌 우리 세대는 젊은이에게 그만 기회를 놓쳐버린 셈이다. 그녀는 부끄럽다고 말하면서도 김동욱 씨를 와락 껴안으며 좋아했다. 순간 무대와 객석이 하나가 되었다. 그녀의 용기는 열정적으로 노래한 가수의 무대를 더 빛나게 했고, 추위에 떨었던 관객들의 가슴에 따스한 감동을 안겨 주었으며, 자신을 잠시 무대의 주인공으로 만들어 주었다.

'객석의 변화가 창작의 역사를 바꾼다.'라는 표어가 생각났다.

기회는 준비된 자에게 오는 것, 나도 새해에는 '내가 주인공이다.'라는 마음가짐으로 새로운 도전을 해보고 싶다.

오월에는

    개나리, 진달래, 벚꽃 어느 것이 먼저랄 것도 없이 경쟁하듯 피고 있다. 양산천 둔치에도 샛노랗게 유채꽃이 피고 있다. 예쁘다. 아름답다는 말로는 부족하다. 로이킴의 '봄봄봄'이라는 유행가를 듣지 않아도 절로 어깨가 들썩거린다.
    저만치에서 걸어오는 일행들이 보인다. 걸음마를 시작하는 아이 뒤에 서서 두 손을 벌린 채 엉거주춤 뒤따르는 중년 남자의 우스꽝스러운 자세가 지나가는 사람들에게 미소를 자아내게 한다. 휠체어를 미는 젊은 남자와 모포를 덮고 앉아 있는 할머니의 얼굴에도 꽃처럼 화사한 웃음이 번진다. 4대가 함께 산책을 나온 모양이다. 보기 드문 모습이다.
    갑자기 시샘하듯 봄바람이 분다. 키 큰 유채꽃이 꺾어질 듯 흔들흔들 휘어진다. 일기예보에도 없던 돌풍이다.

이맘때면 마을 당산나무에 대나무 꽂고 새끼줄로 금줄까지 걸어 놓고 바람 올리는 할머니가 있었다. 부정 타지 않는 날을 받아 쌀과 물을 올리고 촛불 아래서 비손을 했다. 마을의 안녕과 대풍을 기원했으리라 미루어 짐작해본다.

바람이 멈출 기미가 보이지 않자 휠체어를 밀던 남자가 어린아이를 품에 안는다. 중년의 남자는 할머니의 얼굴을 바람의 반대편으로 돌린다. 옛날에는 어느 집 할 것 없이 대부분 대가족이었지만, 지금은 학업이나 직장으로 인해 가족이래도 떨어져 사는 사람이 많으므로 저런 대단위 가족 산책을 보기 쉽지 않은 실정이다.

새삼 부모님과 7남매가 북적이며 살았던 유년 시절이 그립다. 약을 넘길 줄 몰랐던 어린 시절 내가 아플 때 유일한 처방은 어머니의 약손이었다. 열이 날 때면 이마에 손을 얹고 돌아가신 할머니 할아버지께 빌었다. 당신의 손녀딸 무탈하게 잘 자라도록 굽어 살펴달라고. 그리고 천지신명께도 빌었다. 신열에 고통스러워하다가도 어머니의 기도를 듣다 보면 잠이 들었다. 다음 날 일어나 보면 신통하게 열도 내리고 몸도 개운해졌다. 까칠한 손으로 배를 몇 번만 문질러줘도 아픈 배가 낫는 일은 내 아이들을 키울 때 나도 했던 신통한 방법이다. 엄마나 가족은 그런 것이다. 손길만 스쳐도 위로가 되고 따뜻한 말 한마디가 힘이 된다.

지금은 어버이날 찾아갈 부모님이 안 계시다 보니, 못해 드린 것만 가슴에 남았다. 요즈음 기념일을 핑계 삼아 주고받던 작은

선물도 새로 생긴 법 때문에 받는 쪽도 주는 쪽도 마음이 편하지 않다고 한다. 그래서 그마저 생략하고 보니 뭔가 허전한 느낌이 든다.

  곧 다가올 오월은 근로자의 날, 어린이날, 어버이날, 스승의 날, 챙겨야 할 날도 많고 기념일도 많은 달이다. 혹시라도 그동안 서먹한 관계가 있다면, 이런 날들을 핑계 삼아 회복할 기회로 만들어 보는 것은 어떨까? 멀리 떨어져 잊고 살았다면 지금이라도 전화 한 통이라도 해보자. 바빠서 그마저도 힘들다면 사랑한다는 문자 한 통은 어떨까?

편지

 국방의 의무를 마치고 아들이 씩씩한 모습으로 귀가를 했습니다. 21개월 생활했던 짐이라고 해봤자 쇼핑백 하나가 전부였습니다. 부대원과 함께 찍은 단체 사진과 책 몇 권, 서류봉투 정도입니다. 부대에서 요긴하게 사용했던 물건들은 후임들에게 제대 기념으로 나눠주고 왔답니다. 서류봉투에는 군 생활 때 힘이 되고 위로가 되었다던 편지들이 들어 있었습니다. 그중에 제가 보낸 편지도 있었습니다. 제 편지를 다시 읽는 기분이 묘했습니다. 그때는 아들을 군에 보낸 어미의 마음이 다 똑같겠지만, 많이 걱정되고 긴장되고 뭐 아무튼 그런 심정들로 잠을 이룰 수 없었던 나날이었습니다.
 첫 번째 보낸 편지를 다시 읽어봅니다.

사랑하는 재형이에게

보고 싶다. 아주 많이 보고 싶다.

오늘 드디어 교육연대 알림 문자가 왔다. 041로 시작되는 번호가 왜 그리 가슴 떨리게 하던지. 반갑고 고맙고 우리 아들 보고 싶고, 복잡 미묘한 감정이었다. 언제나 넌 엄마의 꿈이고 희망이다. 손을 흔들며 씩씩하게 입영 버스에 오르던 그날처럼 오늘도 여전히 춥구나. 아침마다 일기예보에 채널을 고정하고 귀를 쫑긋한다. 온통 논산 날씨에만 신경이 가 있는 것 같다. 여기보다 추워서 날씨 적응은 잘하는지, 콧물을 흘리더니 괜찮은지, 또 허리는 어떤지, 이것저것 궁금한 게 많구나. 다른 아이들은 가족들과 함께 논산훈련소까지 갔다더라. 혼자 쓸쓸히 점심을 먹고 부대로 들어갔을 우리 아들 생각에 맘이 아팠다. 네가 따라오는 것을 말렸어도 함께 가야 하는 건데 하는 아쉬움도 남았단다.

너는 평소 열심히 운동했기 때문에 잘 적응하리라 생각한다. 그리고 작은 일에도 늘 남을 먼저 배려하는 속 깊은 마음이 있으므로 동기들과도 잘 지낼 거라 믿는다.

입영 전날 밤 군 생활도 공부의 연장이라며 대학 생활을 할 때처럼 떨어져 있는 거로 생각하라던 네 말이 보고 싶은 마음을 많이 위로해주는 것 같다.

엄마는 틈나는 대로 육군훈련소 홈페이지에 가서 병영 생활도 보고 육군훈련소 노래도 들어보면서 우리 아들의 훈련병 생활을 미루어 짐작해 본다.

　내일부터는 설 명절 준비로 또 바쁠 것 같구나. 엄마표 반찬이 최고라며 칭찬해주는 우리 아들이 없어서 음식을 해도 그리 신나지 않을 것 같다. 세상에서 제일 듣기 좋은 말이 아들이 해주는 칭찬이었다. 근데 지나고 보니 엄마는 우리 아들에게 칭찬을 많이 못 해준 것 같아서 이 순간 정말 미안하고 부끄럽구나. 엄마의 욕심 때문에 언제나 너는 모든 게 완벽해야 하고 최고여야 했다. 조금만 더 조금만 더 하면서 많은 걸 너에게 요구했었지. 그런 엄마의 욕심을 묵묵히 잘 받아준 우리 아들이 정말 고마웠지. 언제나 우리 아들은 엄마가 최고라고 칭찬해주었지. 가끔은 그게 진짜가 아님을 알면서도 그 말에 중독되어 그런 것처럼 우쭐대곤 했지. 아들보다 더 철없는 엄마였나 보다. 재형이가 군에 간 지난 일주일이 너의 목소리를 듣지 못하고 지낸 가장 긴 시간이구나.

　일주일 후면 군복 입은 모습을 홈페이지에서 볼 수 있다는데 기다려진다. 전화도 할 수 없고 모든 게 단절된 지금 네가 속해 있는 훈련소 소식이라면 작은 것 하나도 귀가 솔깃해진다. 어릴 때부터 뭐든지 혼자서 잘했기 때문에 군 생활도 열심히 보람 있게 잘하리라 믿는다. 언제 어디서든 자신의 몸은 자기가 잘 챙겨야 한다. 모든 일에 긍정적이고 열심히 온 힘을 다해야 하지만 무엇보다 항상 건강은 잘 챙기거라. 그게 모두를 위하는 일이다. 사랑하는 우리 아들 엄청나게 보고 싶다. 늠름한 모습으로 만나는 날까지 안녕.

편지는 바로 대답을 들을 수 없는 답답함도 있었지만,
아들과 서로의 마음을 많이 나눌 수 있었습니다.
답장을 기다리는 애틋함도 지나고 보니 좋았던 것 같습니다.

아들은 첫 번째 편지를 받고 답장을 보내왔습니다. 모두가 자는 시간 이불 속에서 썼다고 했습니다. 훈련병 160명 중의 7명이 편지를 받았다고 했습니다. 엄마가 보낸 편지를 보고 아이들이 부러워했다고 했습니다. 교육연대 알림 문자가 오자마자 편지를 썼습니다. 설 연휴가 있어서 편지가 늦게 도착할까 봐 일반편지를 우체국까지 가서 보내는 극성도 피웠습니다.

모든 게 차단되고 통제된 생활에서 편지가 유일한 위로가 되고 격려가 되는 일임을 들었기에 나의 편지 쓰기는 훈련소를 퇴소하는 날까지 날마다 계속되었습니다. 컴퓨터 글에 익숙해진 나로서는 손편지는 많은 시간이 필요했습니다. 글씨체에도 신경을 써야 하고 군인이라는 신분에도 맞는 적절한 언어를 사용해야 할 것 같은 부담감도 있었습니다. 전화로 주고받을 때보다 신경이 많이 쓰였습니다. 편지는 바로 대답을 들을 수 없는 답답함도 있었지만, 아들과 서로의 마음을 많이 나눌 수 있었습니다. 답장을 기다리는 애틋함도 지나고 보니 좋았던 것 같습니다. 올해는 유난히 춥습니다. 그러다 보니 자꾸만 방 안에만 있습니다. 아들이 전역을 했으니 이제 편지를 쓸 일이 없어졌습니다. 그래도 가끔 내 맘을 전하는 일을 편지로 해볼 생각입니다.

지나고 보니 편지를 쓰는 일이 나를 돌아보는 시간이 되기도 했습니다.

(2011년)

불이문
―통도사 유네스코 세계유산 등재를 축하하면서

　통도사에는 불이문이 있다. 안내 글에는 '불법의 세계는 둘이 아닌 경지로 생사 및 만남과 이별과 같은 상대적인 모든 것들이 둘이 아닌 하나이고 궁극적으로는 부처님과 중생이 다르지 않음을 상징한다.'라고 적혀 있다.
　일주문과 사천왕이 있는 천왕문을 지나고 불교용품을 파는 만세루 다음에 대웅전 방향으로 보이는 건물이 불이문이다.
　청색 기와를 이고 있는 불이문은 일반 한옥과는 조금 다르다. 천장에 대들보가 없다. 동편에는 코끼리상, 서편에는 호랑이상이 들보와 도리를 떠받치고 있다.
　모든 것이 평등하고 차별 없는 것을 불이라 하고 불이문을 지남은 곧 해탈에 이름을 상징해 해탈 문이라고도 한다. 해탈이란 탐

욕과 집착 그리고 어리석음에서 벗어남을 뜻한다고 한다.

그런데 불이문에 가면 특별한 것이 있다. 계단으로 올라가 불이문에 들어서서 왼쪽으로 가보면 열린 문에 달린 둥근 손잡이 고리가 있다. 첫눈에 고리가 크다는 걸 알 수 있다. 문고리에 얽힌 이야기들도 많다.

문고리에 머리가 들어가면 사후에 극락에 갈 수 있다고 한다. 어떤 이는 머리를 한번 넣었다 빼면 업장이 소멸한다고 믿는다. 의자에 앉아 쉬기도 하고 '등불지'를 보고 있자면 주변을 살피면서 머리를 밀어 넣어 보는 사람들을 만날 수 있다.

아들을 데리고 와서 문고리에 머리를 넣어 보라는 젊은 엄마는 문고리에 머리를 넣었다 빼면 한 가지 소원이 이루어지는 신통력이 있다고 말한다.

불교가 우리나라에 들어와서 자리를 잡기까지 민족종교와 혼합되면서 생긴 산물이 아닐까 하는 생각을 해본다. 흔히 단순한 흥밋거리 이야기라지만 신비로운 영험이 있다고 믿는 이도 제법 많다.

탐욕을 걷어내고 마음을 비우고자 찾는 산사에서 더 큰 욕심의 달성을 위해 '문고리'에 머리를 들이미는 일은 다른 듯 같음이던가?

절에서 재앙을 물리치고 복 받기를 기도하는 일반 서민들이라 해서 불심이 깊지 않다고 한마디로 말할 수 있을까? 누군가 절에 왜 가느냐고 물으면 '저 얼에 간다.'고 답한다. 얼은 정신이고 곧 정신 차리러 절에 간다는 뜻이다.

  사람마다 절에 가는 이유가 같을 수는 없다. 그러나 통도사 불이문에 서면 지위와 명예 권력과 관계없이 모두가 평등하고 문고리에 고개를 들이밀면 모든 일이 술술 풀리는 지혜가 생긴다니 한 번쯤 고개를 들이밀어 볼 일이다.

  나는 오늘도 소원 하나 빌면서 머리를 넣어 본다. 절 문을 나서는 발걸음도 가볍다. 불이문 문고리의 효력이라 믿어 본다.

소금 이야기

　모처럼 일정이 비어 있는 하루를 요긴하게 쓸 요령으로 대청소를 했다. 계절이 어중간해서 장롱에 넣지 못한 옷이랑 이불을 모아놓고 보니 빨랫감이 태산이다. 세탁기를 돌리고 일부는 발로 밟고 손으로 비비며 반나절 만에 겨우 끝냈다.

　탈수된 빨래를 꺼내고 보니 날씨가 좋지 않다. 조금 전까지 반짝이던 햇살이 어느새 시커먼 구름에 가렸다. 금방이라도 비가 떨어질 기세다. 다시 세탁기에 넣어 건조 기능으로 맞춘다. 돌돌 돌아가는 세탁기 소리를 듣다가 갑자기 저렇게 쉬지 않고 돌리면 불이 나지 않을까? 하는 생각이 들었다.

　아니나 다를까, 생각이 채 끝나기도 전에 펑 하는 소리가 집안을 흔든다. 순간, 방에 있던 딸아이가 놀라 뛰쳐나온다. 우리는 재빠르게 어디가 잘못되었는지 급히 눈을 굴린다. 전등과 TV가 그

우리 집에 귀한 손님이 계시니(오가유일객吾家有一客)
그분은 바닷속 용왕님이라(정시해중인定是海中人)
입에 하늘만큼의 물을 머금고(구탄천창수口吞天漲水)
집안의 온갖 재앙을 없애주시네(능살화정신能殺火精神)

대로 켜져 있다.

"전기합선이나 누전은 아닌 것 같아요."

딸이 말하는 순간 거실 한쪽에 있는 피아노 상판에 시커먼 연기와 함께 불꽃이 소리를 내며 튄다.

"엄마, 전기 콘센트!"

깜짝 놀란 딸이 재빠르게 차단기를 내린다. 나도 얼른 방석으로 불꽃을 덮는다. 정말 몇 초 만에 반사적으로 움직인 덕분에 상황이 종료된다. 과학교육을 전공한 딸아이가 원인 분석에 들어갔다. 그리곤 전문용어를 섞어가며 상세하게 설명한다. 내가 못 알아듣는 것처럼 보이는지 설명을 접고 처방전부터 말한다. 세탁기 전용으로 굵은 전기선으로 교체하고 집을 비울 때는 세탁기를 사용하지 말라고 한다.

놀란 가슴을 쓸어내리고 화상 자국처럼 남아 있는 피아노 상판을 닦다가 문득 생각난 것이 있다. 그동안 까맣게 잊고 있었던 에어컨 위의 소금이다. 이쯤에서 끝난 게 저 소금 덕분은 아닐까. 저절로 합장하고 절을 한다.

절에 다니는 언니가 통도사에서 가져온 소금이다. 소금 봉지 안에 들어 있는 종이에 이렇게 쓰여 있다.

"우리 집에 귀한 손님이 계시니(오가유일객) 그분은 바닷속 용왕님이라(정시해중인) 입에 하늘만큼의 물을 머금고(구탄천창수) 집안의 온갖 재앙을 없애주시네(능살화정신)"

통도사 대광명전 내부 평방에 새겨진 문구다. 아침마다 새벽예불을 드릴 때도 눈여겨보지 못한 문구를 소금 봉지에서 만나다니 신기한 일이다.

통도사에서는 단옷날 용왕 대제를 모시고 경내 전각과 요사채 기둥 위에 얹혀 있는 단지에 든 소금을 교체한다. 목조건물이 대부분인 절에서 전각들을 화재로부터 보호하려는 방편으로 전각 처마 아래에 두는 것이다. 그리고 행사에 참여한 불자들에게도 소금 봉투를 나눠준다. 올해도 2만 개를 만들어 나눠주면서 큰 호응을 얻었다고 한다.

항마진언이 적힌 종이로 단지를 봉한다니 영험이 클 것이다. 일년 중 양기가 가장 강하다는 이날의 기운을 다스려 재해를 막으려 했던 선조사 스님들의 지혜가 이어져 내려오고 있다.

소금 단지에 관한 이야기는 민간에서도 구전으로 많이 전해 내려온다. 우리가 어릴 때는 마을에 해마다 크고 작은 화재가 발생했다. 재를 모아두는 헛간에서 시작한 불은 운 좋으면 밤마실 다녀오는 사람들에게 일찍 발견되어 손쉽게 꺼지기도 하지만, 깊은 밤에 나는 불은 걷잡을 수 없을 만큼 번져 아래채를 삼키고 큰 채나 옆집으로 번지기도 했다.

마을 가운데 서 있던 종이 한밤중 요란하게 울리면 대개는 불이 났다는 신호다. 남녀노소 할 것 없이 속옷 차림으로 집 안에 있는 물을 들고 불난 집으로 향하던 시절이다. 나무나 짚을 소재로 한

집이 대부분이라 얼마나 타기 쉬웠을까. 그러므로 화재 예방에 늘 신경을 곤두세우고 살았을 것이다. 이때 소금단지는 화재를 예방하는 풍수적 조치이고, 화기를 내뿜는 곳의 맞은편에 소금단지를 묻고 화기를 제어하는 주술적 수단이었다고 한다.

딱히 어떤 날이었는지는 기억에 없지만, 새벽에 어머니와 아버지께서 정성스레 마당 곳곳에 뭔가를 묻고 계시는 것을 본 적이 있다. 지금 생각하니 소금이 아니었나 싶다. 식구 중 누구라도 악몽을 꾼 날은 어머니가 마당이며 대문 앞까지 소금을 뿌렸다. 그 즈음 누구네 집이나 흔히 볼 수 있는 일이었다. 마을마다 방법이 다를 뿐이지 소금으로 재앙을 막으려는 의식은 행해졌다.

옛날이나 지금이나 소금의 쓰임이나 중요성은 많이 알려져 있다. 그리고 소금은 작은 금이라 불릴 만큼 부를 부르는 상징으로도 쓰인다고 한다.

그러니 이러한 일들을 단순한 민간신앙으로 보기보다는 소금의 본질을 잘 파악하고 소금이 상징하는 여러 의미를 되살려 소금 단지 하나쯤 장만하는 것은 어떨까?

차 마시기 좋은 날

　다시 장마다. 마당 가 연못 위로 떨어지는 빗방울을 무심히 보다가 군불 지핀 구들방에 등을 댄다. 밖에서 데리고 온 눅눅함이 날아간다. 냉장고에서 꺼낸 보리차 물을 마시다가 문득 유리병에 넣어둔 여러 가지 차들의 상태가 궁금하다. 유리병을 흔들어보니 바스락거리는 소리가 난다. 장마에도 습기에 노출되지 않아 다행이다. 다탁 위에는 일 년 동안 만든 차들이 보기 좋게 앉아 있다. 매화, 목련꽃, 오디 뽕잎, 냉이, 돌복숭아꽃, 우엉, 헛개나무, 어성초, 감국, 인동초꽃 등이다
　차에 관한 공부는 오래전부터 여러 곳에서 배웠지만, 차의 효능에 매료된 것은 몇 해 전부터였다.
　어느 날 이유도 모른 채 눈 가장자리가 가렵기 시작했다. 병원에서는 알레르기라며 처방해 주었지만, 낫지를 않았다. 약국에서

주는 약도 일시적이었다. 몇 달을 고생하던 차에 언니가 목련 꽃차를 가져왔다. 언니 친구가 나와 같은 증상으로 고생을 하다가 목련 꽃차를 마시고 나았다며 직접 만든 차라고 했다. 별 기대 없이 목련 꽃차를 우려서 보리차 대신에 하루를 마셨더니 신통방통하게도 눈에 손이 가지 않았다. 이틀을 더 마시고 완전히 나았다. 그리고 지금까지 그런 증상은 나타나지 않았다.

아프면 병원에 가는 게 상식이고, 견딜 만하면 민간요법이나 식이요법에 의존하는 것은 흔히 볼 수 있는 일이다. 그런데 이처럼 간단히 차 몇 잔으로 나을 수 있다는 게 신기하다. 믿거나 말거나 목련차가 대단하다고 지인들에게 말했더니, 환절기 때마다 콧물이 줄줄 흘렀는데 말끔히 나았다는 사람도 있다.

꽃차를 만드는 방법은 덖음차, 효소차, 건조차 등 다양하다. 가장 쉬운 방법은 꽃이 피기 전에 꽃봉오리를 따서 깨끗이 씻은 후 그늘에 말린 후 사용한다. 뜨거운 방에 말리는 방법, 수증기를 쐬고 난 뒤 말리는 방법, 덖음 솥에 한지를 깔고 살짝 덖는 법, 설탕이나, 꿀에 재어두고 물에 타서 먹는 방법 등 여러 가지가 있으니 그때 형편에 맞게 만들면 좋다.

이런 일도 있었다. 꽃차 사범이기도 한 친구와 산에 갔는데, 돌복숭아꽃이 눈이 부시도록 예쁘게 피었다. 친구가 돌복숭아 꽃차가 변비에 특효라고 했다. 우리는 상비약 정도로 만들어 두자면서 아직 꽃이 피기 전인 봉오리만 골라서 땄다. 돌복숭아꽃을 뜨거운 황토방에서 여러 날 모양을 잡아가며 만들었다. 동글동글한 꽃봉오리의 화사한 빛깔이 얼마나 예쁘던지 그냥 유리병에 넣어두고 바라보기만 해도 흐뭇했다.

하루는 언니들이랑 나눠 마시고 그날 밤 언니와 나는 전쟁을 치렀다. 배에서 천둥 치는 소리가 나고, 가스가 차고, 드디어 화장실에 들락날락 완전히 날밤을 새웠다. 밤사이 체중이 1킬로 줄었다. 한꺼번에 너무 많이 마신 탓이다. 정말 이건 변비약이 아니고 설사약이 되었다. 그날의 실수를 되풀이하지 않으려고 한 번에 절대 많은 양을 마시지 않고, 차의 성질과 효능을 꼼꼼히 점검하는 버릇이 생겼다.

차마다 성분이 다르고, 사람마다 체질이 같지 않으니 똑같은 차라도 사람마다 효과는 다르게 나타난다. 식이요법을 하는 이유가 자신의 몸에 맞는 음식을 먹음으로써 질병을 치료하거나 건강을 유지하려고 하는 것처럼 차를 마시는 이유도 같은 맥락에서 본다면 자기 체질에 맞는 차를 잘 찾아 마시는 게 중요하다. 몸에 좋다 해서 유행처럼 따라 마시는 것은 피해야 한다. 그리고 어느 정도 증상이 호전되었다면 장기복용은 하지 않는 게 좋다는 생각이다.

스마트폰이 보편화하면서 정보교환이 빠르고 생활의 여유가 생기면서 차의 종류가 훨씬 다양해졌다. 또, 그만큼 많은 사람이 직접 차를 만들고 마신다는 이야기다.

눈에 좋다는 블루베리, 비타민이 많다는 감잎차, 고혈압, 당뇨

에 좋은 뽕잎차, 숙취에 좋다는 헛개나무차, 쇠비름, 개똥쑥 등 일일이 다 열거할 수 없을 정도로 산과 들의 많은 풀과 나무들이 약성이 있다고 차를 만들거나 효소를 담고 있다. 냉장고를 열면 그 집안사람들의 일상이 눈에 들어오는 것처럼 마시는 물의 종류만 봐도 누구의 건강을 생각하는지 미루어 짐작할 수 있다.

차를 마시는 방법도 사람마다 사뭇 다르다. 어떤 이는 다도의 예를 갖추어 차에 맞는 찻그릇을 사용해서 마셔야 제맛이 난다고 한다. 그러나 이러한 생각들도 요즈음에는 많이 바뀌었다. 품위를 지키기보다 건강을 우선시하는 추세이기 때문이다. 아예 한꺼번에 많이 우려서 수시로 마시기도 한다.

나는 차란 좋은 사람들과 편하게 마실 때 차의 진정한 맛을 느낄 수 있다고 생각한다. 계속해서 연못에 동그라미를 그리는 빗방울을 보면서 처마 아래 돌마루에 하얀 수건을 깔고 차 자리를 만든다. 그리고 천천히 뜨거운 차를 찻잔에 가득 붓는다.

마시지 않아도 양손을 통해 전해지는 차의 따듯함이 참 기분 좋게 한다.

그래 이렇게 비가 내리는 날은 정말 차 마시기 좋은 날이다.

(2012년)

행복은
생각하기 나름이다

　대문 밖 울타리에 핀 접시꽃이 환하게 하루를 연다. 아침부터 햇볕이 따갑다. 눈길 닿는 산은 그대로 그림이다. 대나무 장대로 털어 딴 매실이 반자루가 넘는다. 일 년에 한 번씩 매실 딸 때만 보듬어 주는 나무에 약간 미안한 마음을 보낸다. 노란빛이 감도는 매실을 대충 씻어 소쿠리에 건져두고, 빨간 장화에 밀짚모자를 쓰고 밭으로 간다. 대충 쓱 봐도 하루 사이에 할 일이 또 생겼다. 이른 봄에 뿌려놓은 부추 씨가 실낱같이 올라오더니 지금은 제법 실하게 자랐다. 풀들은 보이는 대로 뽑아내도 다음 날 보면 여기저기서 불쑥불쑥 올라오고 있다. 잡초들의 생명력과 번식력은 작물과는 그 차원이 다를 만큼 대단하다.
　두 평 남짓한 취나물 밭부터 매고, 토마토 순지르기를 한다. 이른 봄, 모종을 사다 심은 가지와 오이밭에도 호미질하고 잠시 숨을 고른다. 밭 가장자리에 심은 키위가 눈에 들어온다. 키위 수꽃이 피지 않아 수소문 끝에 겨우 얻어 온 꽃가루를 하나하나 붓질로 인공수분을 한 덕에 제법 튼실한 키위 열매가 달렸다.

옆에 논에는 팔순을 넘기신 할아버지가 농사 손을 놓으셨는지 풀이 가득하다. 무성하게 자란 잡초 사이로 돌나물이 기어 나온다. 자세히 다가가 보니 논두렁에 돌나물이 입이 벌어질 정도로 많다. 풀 속이라 가늘게 뻗어 나왔지만, 부드럽다. 깔고 앉았던 자루에 양껏 걷어왔다. 시장에 가면 많이 있겠지만, 요즈음 들판에서는 만나기가 쉽지 않은 나물이다.

돌나물이 입맛을 살려주고 성인병에 좋다는 말이 전해지면서 누구 할 것 없이 보이는 대로 다 걷어가기 때문이다. 통통하고 잎이 뾰족한 것이 노란 별꽃까지 피우면 정말 예쁘다. 찹쌀풀을 끓여 국물을 만들어서 물김치도 담고, 오늘 점심때는 당장 된장으로 무쳐서 비빔밥을 해먹을 생각하니 침이 고인다.

다듬고 난 뿌리들은 밭 가장자리에 뿌린다. 굳이 심지 않아도 며칠 후면 뿌리를 내릴 것이다. 마디마다 뿌리를 내리고 돌이나 아무 곳에서나 잘 자란다고 돌나물이라 하지 않았을까?

욕심내서 일했더니 땀이 주르륵 흐른다. 노동으로 흘린 땀은 언제나 기분을 상큼하게 한다. 들녘을 가로지르는 바람 한 줄기 머리 위로 지나간다. 밭두렁에 핀 찔레꽃이 하얗게 웃는다. 나도 순

진한 아이처럼 소리 내어 웃어 본다. 퍼질러 앉아 있던 엉덩이로 땅의 축축함이 전해져 오면서 좀 많이 쉬었다는 생각을 하는 순간에 남편의 잔소리가 시작된다.

"누가 고추를 이렇게 촘촘히 심는다 카더노."

"어차피 비료도 안 주는데 마이 크겠나 싶어서요."

밭에 오면 언제나 남편과 티격태격이다. 다음에는 '혼자 오고 말지!' 하면서도 늘 함께 온다. 촌 일이라는 게 혼자서는 재미가 없다. 서로 타박하면서 잘난 체해도 둘이 해야 일이 쑥쑥 줄어 들어간다.

고추밭을 손질하던 남편이 손짓으로 부른다. 가보니 고라니가 그랬는지 고추 모가지를 댕강댕강 꺾어놓았다. 발자국이나 배설물을 보니 분명 토끼나, 염소, 노루, 고라니 같은 종류다. 그러나 근처에는 방목하는 염소나 토끼가 없으니 고라니나 노루일 것 같다.

눈 덮인 겨울에는 상추도 뜯어 먹고 겨울초를 먹어치워도 '그래 같이 먹고 살자' 하면서 귀엽게 봐 주었는데, 지금은 온 산천이 온통 먹을거린데 하필이면 마을까지 내려와서 텃밭에 있는 고추에 입을 댔는지 슬그머니 미웠다.

지나가던 축사 아저씨도 들짐승들의 횡포를 꼬집어 이야기한다.

고구마, 콩잎은 물론이고 어린 새순까지 잘라 먹고 심지어는 흙에 묻힌 씨앗까지도 빼먹는 염치없는 짓을 한다고 했다.

산과 들에 핀 꽃들은 무리 지어 피어도 수줍게 웃는데,
심은 꽃들은 사람들 욕심만큼이나 화려하다며 괜히 잘생긴 꽃들을 타박하니,
남편은 산과 들에 핀 하얀 꽃들은 향기가 좋다며
토끼풀꽃으로 반지를 만들어 건넨다.

듣고 있던 남편이 다시 말을 받는다. 예전에는 가을에 감을 딸 때도 까치밥을 남겨 놓을 정도로 들짐승들을 생각했는데, 요즈음 사람들은 산에 가면 나물이고 도토리고 할 것 없이 먹는 것은 남김없이 다 가져오는 세상이니 어쩔 수 없는 인과응보라면서 일부 등산객들의 싹쓸이 산행 행태를 꼬집어 말했다.

건너편 논둑 가에 세워둔 경운기 아래는 논에서 일하는 주인을 기다리다 심심해진 강아지가 졸고 있다. 모내기를 끝낸 논에는 개구리들이 잔치판을 벌이고 있다. 무슨 놀이공원인 듯이 아주 자기들 세상이다. 밤이면 또 얼마나 요란스러운 음악회를 열지 벌써 귀가 간질거린다.

도로변에는 노란 금계국이 춤을 춘다. 송엽국도 돌 틈에서 방긋 웃고 있다. 어디 도로뿐인가. 담장에 걸터앉은 덩굴장미는 또 어떤가?

산과 들에 핀 꽃들은 무리 지어 피어도 수줍게 웃는데, 심은 꽃들은 사람들 욕심만큼이나 화려하다며 괜히 잘생긴 꽃들을 타박하니, 남편은 산과 들에 핀 하얀 꽃들은 향기가 좋다며 토끼풀꽃으로 반지를 만들어 건넨다.

그래 행복이 뭐 특별하겠나? 다 각자의 향기를 가지고 자신의 생활을 즐기며 사는 게 최고의 행복이겠지.

지금 우리들의
고향은

　질척거리는 밭고랑에 내려앉는 햇살이 눈부시다. 잔설을 헤집고 뾰족이 고개 든 유채와 봄동 잎에 윤기가 돈다. 폭설과 혹독한 추위를 이겨낸 새싹들과 눈맞춤 하느라 바짓단이 젖는 줄도 몰랐다. 건너편 도로에 걸린 '산 인접 논두렁, 밭두렁 불태우기 금지. 적발 시 과태료 50만 원'이란 현수막이 위협적이다.

　밭둑의 감나무에 올라간 마른 호박 줄기를 걷어내고 시금치밭에 풀을 뽑다 보니 친구들을 만날 시간이다. 두 달에 한 번씩 만나는 어릴 적 친구들이다. 아줌마들이 모이면 다 그렇듯 수다거리는 늘 일상의 사소한 신변잡기다. 그런데 오늘은 식탁의 먹을거리에서 정치로까지 확대되었다.

　뒤돌아보면 지난 한 해는 장바구니 물가가 폭등해 서민들의 살림살이가 더 팍팍해졌던 한 해다. 무, 배춧값이 올랐다 해서 산지 농민들의 호주머니가 넉넉해진 것도 아니었다.

일 년에 4배나 뛰어오른 배춧값을 두고도 의견이 여러 가지다. 4대강 사업으로 강 근처 채소 재배지가 줄었다는 이유와 태풍, 장마 등 기상이변이 원인이라는 친구도 있다. 김치를 좋아하는 우리 집은 배춧값이 너무 올라서 지난해 무, 배추를 심었다.

폭염주의보가 내려진 들판은 연일 30도가 넘는다. 밭고랑에 서면 일하지 않아도 땀이 줄줄 흐른다. 더운 낮은 피하고 주로 새벽에 나가서 씨앗을 심고, 풀을 메고 정성을 쏟았다. 배추 농사는 초보나 다름없었지만, 정말 잘 자라 주었다. 벼농사나 과수와는 달리 하루하루 다르게 커가는 것을 보면서 생명의 신비로움을 느꼈다.

김장철이 되니 주위 농가에서는 배추가 풍작이라고 입을 모았다. 배추를 아주 많이 심고 김장김치 판매를 하는 경북 문경의 문우도 배추 농사를 잘 지었다고 했다. 전남 해남의 친구도 배추가 잘 컸다고 자랑이다. 그래도 배춧값은 여전히 오름세였다. 어느 한 지역만 보고 전체를 말하기는 그렇지만 해마다 있는 장마나 태풍으로 배춧값이 유례없이 그렇게 오른다고 말하기는 설득력이 부족하다. 더구나 생장 기간이 40일에서 길어야 60일밖에 되지 않는 작물이지 않은가.

우리 집은 값비싼 배추 덕분에 용기를 내어 직접 배추 농사를 지었다. 여러 집에 나눌 수 있어 좋았고, 욕심내어 많이 담근 김치는 경로당과 독거노인, 직장생활 하는 친구들에게 나눠주는 인심도 쓸 수 있어 흐뭇한 연말이었다.

점심을 먹고 자리를 옮기기 위해 내 차를 탄 친구가 세차 좀 하고 다니라며 핀잔을 준다. 나는 하루에도 몇 번씩 구제역 방제초소를 통과하면서 약을 뒤집어쓰는데 그 정도면 깨끗한 게 아니냐며 웃는다.

지난해 11월부터 시작한 구제역으로 온 나라가 시끄럽다. 잃어버린 10년이라고 지난 정권을 싸잡아 비난하던 현 정부는 과거에도 덜 키운 구제역을 이렇게도 못 잡고 자꾸만 키우는 이유가 뭘까? 이것도 외국 사례나 들먹이며 기상이변으로 돌릴 것인지. 국가재난사태를 선포하면서 '아덴만 여명 작전'처럼 신속하게 처리했다면 훨씬 초기에 확산을 막고 피해를 최소화했을 텐데 하는 생각을 해본다.

구제역이 인수공통전염병이 아니고 구제역 바이러스는 섭씨 50도 온도에서 파괴되므로 먹어도 된다고 홍보하면서 매몰하는 게 최선이었는지 묻고 싶다.

전염되는 것을 막기 위한다는 명목이라지만 500m 이내에 있는 건강한 가축들도 다 매몰하는 게 이해가 되지 않는다. 청정지역 지킨다는 명목으로 백신 접종조차 미루기만 하더니 기어이 여기까지 오고 말았다.

지금은 예방적 매몰 대신 멀쩡한 소는 도축한다고 한다. 그렇다면 왜 좀 더 빨리 과학적 도축을 해서 가공을 하지 않았는지 묻고 싶다. 수입관세 철폐만 하면 국민은 값싼 고기 먹을 수 있어서 모두 환영한다고 생각한 것은 아니길 바란다.

매몰된 가축들의 침출수 때문에 지하수나 정수기 물도 안심 못해 생수를 사다 먹는 사람이 늘고 있다는데 국민이 안심할 방안은 있는가?

소는 우리 민족에게 단순한 동물이 아니다. 옛날에는 달구지와 쟁기를 끌며 농사일을 거들었고, 쇠똥은 거름이나 땔감으로도 이용되었다. 꿈에 소가 보이면 조상이 다녀갔다 할 정도로 우리 민족의 정서와 가까운 동물이다.

그런 가축들을 살처분하면서 공무원이나 농장주들이 받았을 심적 고통은 누가 어떻게 치유해 줄 것인지 마음이 아프다.

구제역으로 피해 보는 것은 비단 축산 농가만이 아니다. 구제역 피해지역의 행사가 취소되고 그 지역 특산물 판매마저 어려워졌다. 오일장이 폐쇄되고 상인들의 발이 묶이면서 지역 상가가 위기에 처했다. 식당가는 한산하고 오이 상추 등은 소비처를 찾지 못해 생산 농민들의 한숨 소리만 들린다.

구제역이 끝난다 해도 소비자들은 예방백신 맞은 우리 축산물과 가격이 싸고 청정국이라 믿는 외국산을 두고 어느 것을 선택할지는 모를 일이다. 농축산업의 의미를 축소하고 부정적인 눈으로 그들을 바라본다면 우리 축산업이 설 자리는 없다.

　매몰지역의 침출수로 인한 토양오염, 환경오염 등 제2차 문제도 서둘러 해결해야 할 과제다.

　구제역과 AI로 고향 방문을 못 하게 하면서 해외여행객이 늘어난다고 한다. 이러다 고향이라는 존재가 잊히는 건 아닐까 하는 것은 지나친 나의 걱정일까? FTA나 미국 쇠고기 개방에 걸림돌이 되는 농축산업이 아예 무너지기를 바라는 사람이 없기를 빌 뿐이다.

　배춧값이 오르도록 그냥 두면서 물가안정을 위한다는 핑계로 중국산 채소들을 관세 철폐해서 수입 확대를 서두르는 일이 없기를 바란다.

　농촌이 뿌리고 도시가 꽃이란 말이 있듯이 농업이 무너진 나라가 진정 부강한 나라가 될 수 있을까?

　소꿉친구들과 아무 때고 달려가 편안히 쉬고 이야기꽃을 피울 수 있었던 우리들의 고향은 지금 너무 아파 소리조차 지를 힘이 없다.

　이 땅의 농민들이 설 자리는 어디인가.

(2011년)

그녀

　그녀를 오십이 넘은 시골 여자로 보는 이는 그리 많지 않다. 볼 때마다 잘 정돈된 머리며 세련된 옷차림이 주위 사람들을 매번 놀라게 한다. 바지가 몸에 밴 우리와는 달리 언제나 치마를 입고 다닌다. 다독多讀의 영향인지 어떤 대화에도 기죽지 않고 자기 의견을 피력한다. 언제나 자신감이 넘치고 당당하다. 언제부턴지 그녀가 참 지혜롭게 산다는 생각이 들었다. 그녀의 남편은 가난한 이웃에게 남모르게 쌀가마를 건네주고 오는 사람으로 사치라곤 전혀 모르는 순박한 농부다. 그녀와는 어떤 식으로도 그림이 잘 그려지지 않는 그런 사람이다. 부부는 살아가면서 닮아간다고 했는데 어떻게 각자의 삶을 저렇게 지혜롭게 사는지 궁금했다.
　얼마 전 그녀와 함께 밤을 새운 적이 있었다. 그녀 자신의 삶에 전환점이 된 일이 있었다고 한다. 일 많은 촌으로 시집와서 신혼

남을 배려하지 않는 삶은 좋은 삶이 될 수 없지만,
그렇다고 자신을 포기하고
아니 자신은 생각하지 않고 사는 것은 더 바람직하지 않다고 했다.

을 보냈고 시부모님과 함께 살면서 들일과 집안일을 해내기가 하루하루 버거웠다고 했다. 시골에 사는 사람이면 누구나 느낄 수 있는 일과가 눈에 선했다. 많이 아파도 교통편이나 시간이 여의치 않아 병원 갈 엄두조차 낼 수 없었다고 한다. 그렇게 참다가 의식을 잃을 정도가 되어 병원으로 실려 가 수술을 해야 할 처지였다고 한다. 흙 묻은 손이며 때에 찌든 몸을 생각하니 옷을 벗을 수가 없었다고 한다. 사경을 헤매면서도 옷을 잡은 손을 놓지 않았다고 했다. 30여 년 전 시골에 목욕탕이 있었을 리 없고 집에서 한다고 해야 샤워 정도라고 했다.

감당할 수 없이 흐르는 눈물을 수건으로 연신 닦으면서 하는 이야기에 나도 눈물이 났다. 대수술하고도 병간호해줄 사람 하나 없이 혼자 병실에 누워 있으면서 다짐했다고 한다.

살아오면서 부모님이나 남편, 아이들, 그리고 집안일에 이르기까지 누구 못지 않게 열심히 일했고 최선을 다했지만, 병실에 누워 있는 자신은 누구에게도 말할 수 없이 비참한 모습이었고, 주변 사람들에게도 결코 자랑스러운 모습이 될 수 없음을 깨달았다고 한다. 남을 배려하지 않는 삶은 좋은 삶이 될 수 없지만, 그렇다고 자신을 포기하고 아니 자신은 생각하지 않고 사는 것은 더 바람직하지 않다고 했다. 흔히 하는 말로 자신이 행복해야 주변 사람도 행복하다는 걸 알았다고 한다.

그래서 퇴원 후에는 바쁜 틈틈이 대학도 가고 각종 자격증도 땄다고 한다. 교육이나 연수도 빠지지 않고 다닌 덕분에 친구도 많이 사귀었고 남보다 정보도 빨라 고소득 작물로 부농으로 거듭날 수 있었다고 한다.

남의 시선이나 눈치를 보기보다는 오직 자신의 판단만으로 행동했다고 한다. 그 어려운 시기를 남편만 바라보고 살았다면 그런 기적은 절대 일어나지 않았을 것이라고 했다. 그렇게 깔끔하고 단정하고 당당한 그녀에게 남자친구가 있다는 고백, 그리고 그것도 20년이 넘었다고 하니 눈치 없는 나로서는 기절할 일이다. 그 남자친구가 있어 무엇이 그렇게 힘이 되었냐는 질문에 그녀의 대답은 간단했다. 칭찬과 자신감을 심어주는 이야기만 했다는 것이다. 만날 때마다 예쁘다거나 사랑한다는 말을 해주었고 일상의 시시콜콜한 이야기도 맞장구치면서 들어준다고 했다. 정말 세상에서 자신이 가장 귀하고 사랑스러운 존재인 것으로 느끼게 해준다고 했다.

남자친구를 만나는 일은 지친 삶에 활력을 불어넣는 일이라고 했다. 언젠가 드라마에서 들은 이야기와도 같다. 우리네의 일반적인 관념상 어떤 말로 합리화시키고 정당화시킨다 해도 그것은 하나의 변명이고 부적절한 관계임에는 틀림이 없다. 그럼에도 그녀의 말에 감히 반기를 들 수가 없었다. 내가 그녀를 너무나 잘 알고 좋아했던 사람이었기에 그녀의 말을 진심으로 이해하려고 노력하기 때문인지도 모른다. 드라마를 보면서도 그런 이야기가 나오면

거침없이 욕을 퍼붓던 나 자신을 돌아본다. 피해자이면서도 언젠가 가해자가 될 수도 있다는 그녀의 말에 나도 모르게 고개를 끄덕여본다. 우리 사회에서는 아직은 누가 뭐래도 불륜을 명문화시킬 수는 없다.

그런데도 이렇게 당당한 그녀에게 뭐라 할 것인가?

(2008년)

행복마을

　마당과 경계가 된 밭둑에 앉아 쑥을 캔다. 구름 사이로 내민 햇살이 반갑다. 며칠째 내린 비로 들일이 많이 밀렸다. 비가 걷혔다 해도 질척거리는 밭에 씨앗을 넣기는 어중간하다. 갈아엎은 밭고랑에 까치 떼가 몰려와 먹이 찾기에 바쁘다. 경운기로 로타리 치는 이웃집 할아버지를 집에 보내시고, 자기 트랙터로 논일해 주시는 칠순 바라보는 이장님 어깨 위로 기분 좋은 봄바람 살랑거리며 지나간다. 지난해 가격 폭락으로 거둬들이지 못한 배추 대궁이에 핀 노란 꽃이 찬란하다. 줄기 하나 꺾어 껍질을 벗기고 입에 넣는다. 데쳐서 나물로 먹던 맛과는 다른 달착지근한 맛이 절로 어릴 적 생각이 나게 한다. 길 가던 사람들이 너무 예쁘다고 사진도 찍는다. 종자를 받을 것도 아니면서 차마 갈아엎지 못하고 두 줄 길게 남겨두었다.

아직 소쿠리에는 쑥이 반도 차지 않았는데, 여기저기 눈맞춤 하느라 바쁘다. 제비꽃, 노란 민들레, 하얀 냉이꽃 등 일부러 심지 않았는데도 살아남은 들풀들의 생명력에 감탄사가 절로 나온다.

이 계절에는 조그만 부지런해도 간식거리나 두고두고 먹을 수 있는 밑반찬, 선물하기 좋은 것들을 만들 수 있는 황금기다.

그중에서 쑥은 가장 흔하면서도 쓰임새도 많아 인기가 많다. 국이나 떡으로 만드는 것은 누구나 하는 것이다. 나는 쑥차나 쑥 미숫가루를 만들어 먹기도 하고 선물을 한다. 어린 쑥을 살짝 쪄서 뜨거운 구들방에서 며칠 말린다. 햇빛보다 구들방에서 말리는 게 먼지도 안 타고 쑥의 색깔이나 향이 그대로 유지된다. 그렇게 말린 쑥을 잘 볶은 콩과 쌀을 넣고 방앗간에서 갈아 오면 된다.

유리병에 담아서 사람들에게 나눠줬더니 우유에 타서 간식으로 먹는다는 사람, 국이나 된장 끓일 때 넣는다는 사람, 모두가 만족하는 눈치다.

이런저런 생각과 함께 쑥을 캐고 있는데, 정아 엄마가 지나가면서 밭에서 재배한 거라며 취나물 한 봉지 내민다. 나도 얼른 살이 통통하게 오른 쪽파를 뽑아서 파전하라며 건넸다. 비싼 물건이 아니라서 받는 사람도 부담이 없고 주는 사람도 정성 들여 키운 것이라 잘생기지 않아도 부끄럽지 않다.

쑥을 캐러 나오면 쑥만 캐서 가져가는 게 아니다. 따뜻한 햇볕으로 비타민 D를 듬뿍 먹기도 하고, 이웃집 소문도 담고, 산나물도 담고, 때론 끈적끈적한 머릿속을 털기도 한다.

하나씩 캐다 담은 쑥이 어느새 한 바구니다. 돌미나리, 냉이와 달래, 그리고 밭둑을 기어오르는 돌나물까지 다듬지 않고 욕심껏 뜯어 담는다. 그래도 아직 담지 못한 머위 잎에 자꾸 눈길이 간다. 저녁상을 생각하면 부자가 된 듯하다. 쑥을 캐면서 손톱으로 뿌리를 다듬다 보니 손톱 밑이 까맣다. 매니큐어 대신 늘 풀물을 들이는 손톱에 미안하다.

이곳은 50가구도 채 안 되는 작은 마을이지만, 살림살이나 상대를 바라보는 마음 씀이 비슷해서 가족처럼 정답게 살아가고 있다.

사는 게 뭐 별거 있겠나. 이렇게 작은 정 나누며 사는 게 행복이지 싶다.

part 4

작은 농부

초보자에게 배우다 • 아직 더 배워야 할 일 • 빈 독을 씻으면서 • 밀당 • 가을 끝
자락에 서서 • 봄비 • 버리기와 남기기 • 작은 농부

초보자에게 배우다

　비 맞은 나뭇잎들이 바람에 춤을 춘다. 하늘과 땅의 경계도 사라지고 산마저 삼켜버린 구름이 다가와 안긴다.
　때 이른 장마다. 메마른 땅에 파종하거나 옮겨 심은 농작물 모종에는 보약 같은 존재다. 그리고 작물에 도움이 안 되는 잡초에도 비는 생명수이다. 그러다 보니 속수무책으로 자라날 풀을 생각하니 걱정이다. 농사 경력이 많아도 잡초와의 싸움에는 이길 수가 없다. 뽑아도 끝없이 자라나는 것을 그대로 두면 작물이 모두 흔적도 없이 사라지고 만다. 그러니 잡초 앞에서는 언제나 긴장이다. 하지만, 자연은 그런 나를 위로라도 하듯 신기한 마술을 보여준다. 예초기로 잡초를 베어내면 근처에 있던 참새 떼가 날아와서 떨어진 풀씨를 주워 먹어 다시 잡초가 기승을 부리는 것을 막아준다. 어디 그뿐인가? 날마다 잡아도 끝이 보이지 않던 감나무 잎에

초보는 기존의 편견 없이 받아들이기 때문에 성공할 수 있다고 한
농촌지도사의 말이 떠올랐다.
속담에 '살면서 고손자에게 배운다'라는 말이 있듯이
배움에는 위아래가 없음을 다시 한번 실감했다.

붙은 송충이를 까치 떼들이 와서 신기할 정도로 깨끗이 먹어 치울 때도 있다. 과일나무에 구멍이나 내는 밉상이라고 늘 휘이 휘이 내쫓기만 했었는데, 미안할 정도다. 이처럼 농사를 짓다 보면 새삼스러운 일들이 많다.

얼마 전 친구가 놀러 왔다. 최근 자신이 사들인 땅에다 농사짓는 재미에 빠져 사는 친구다. 밭 구경을 한다기에 데리고 다니면서 작물 설명도 하면서 아는 척을 했다. 친구가 밭 한쪽에 심어 놓은 토마토를 보며 잘 키웠다고 부러워했다. 그런 친구를 보며 나는 푸념을 했다. 방울토마토라고 모종을 사 왔는데 크는 것 보니 아무래도 큰 토마토라고. 그런데 친구는 모종을 자세히 살피더니 방울토마토가 맞다고 하는 것이 아닌가. 해마다 토마토를 심어 자급자족하는 내 눈에는 큰 토마토인데, 그걸 어떻게 아느냐고 물었다. 친구는 방울토마토는 꽃망울이 하나의 꽃송이처럼 달려 있기 때문에 큰 토마토와 비교가 되고 다르다고 했다. 토마토의 잎이나 수세를 보고 판단한 나와는 다른 방법이지만, 맞는 것 같았다. 여기저기 찾아가서 물어보면서 농사법을 배운다는 친구는 새로운 농사 정보를 많이 알고 있는 듯했다. 초보는 기존의 편견 없이 받아들이기 때문에 성공할 수 있다고 한 농촌지도사의 말이 떠올랐다. 속담에 '살면서 고손자에게 배운다'라는 말이 있듯이 배움에는 위아래가 없음을 다시 한번 실감했다. 초보 농부 친구에게 한 수 배우는 순간 프로 농부라는 자부심은 흔적도 없이 사라졌다.

정말 요즘은 맘만 먹으면 초보들도 농사를 잘 짓는다. 도시농부학교도 있고 취미로 텃밭 가꾸기 프로그램이 많기 때문이다. 그리고 무엇보다 자연을 앞에 두고 자만하지 말아야 한다. 참새가 그렇고 까치가 그렇다. 자연 앞에 내가 아는 지식은 정말 보잘것없는 것이 아닌가.

모든 게 빠르게 변해가는 지금은 경험도 중요하지만, 새로운 정보를 흡수하는 능력이 더 필요한 것 같다. 자연 속의 일부로 살아가며 더 낮은 자세로 배워야겠다.

아직 더 배워야 할 일

　겨울비가 내린 뒤라 도로의 응달진 곳은 온통 빙판이다. 너무 추워서 바쁠 것도 없는 밭일을 뒤로하고 친구 집에 들렀다. 때마침 김장하느라 거실이 온통 난장판이다. 언제부턴가 주변에서는 겨울 김장을 한꺼번에 하지 않고 나눠서 하는 집이 늘어가고 있다. 짬짬이 혹은 두 번으로 나눠 담는 이유가 있다. 한꺼번에 하니 힘이 들기도 하고 일 년 먹을 김치가 들어갈 냉장고 공간 확보도 어렵다. 그다음 이유가 중요하다. 11월에는 구정 전까지 먹을 김치를 담그고, 양력 2월 전후에는 추운 겨울을 이겨낸 잎이 두꺼워진 월동배추로 가을배추가 나올 때까지의 김치를 담는다. 11월에 담은 것과 2월에 담은 김치는 맛에서 차이가 난다. 아무래도 오래 두고 먹을 김치는 월동배추로 담아야 제맛이다. 친구가 김치를 버무리다 말고 장갑 낀 손으로 김치를 쭉 찢어 내민다. 고춧가루가 옷에 묻을세라 고개만 쑥 들이밀고 입을 벌린다….

　장난기 발동한 친구가 김치를 입으로 밀어 넣고는 재빨리 양념을 내 얼굴에 바른다.

　"야~ 아~ 우짤라꼬."

　"옷 벗고 장갑 끼고 김치나 치대라."

　입속으로 넣어진 김치를 씹으니 말보다 미소가 절로 지어진다. 맛나다! 이 한마디에 친구는 흐뭇한 표정이다.

　빛깔이 맑고 선명하다. 대부분 직접 가꾼 채소와 재료로 만들었기 때문일 것 같다. 입에 가득한 침을 삼키며 먹어본다. 역시 맛나다. 뒷맛이 개운하고 시원한 이 맛은 뭘까? 손가락으로 양념을 쿡 찍어 다시 먹어본다. 맛의 비결이 궁금해진다. 푹 곤 호박과 찹쌀 풀물에 고춧가루를 풀었을 맛이 느껴진다. 또 김치를 씹어 본다. 멸치젓갈과 새우젓을 넣은 맛도 난다. 하지만 그것으로도 표현할 수 없는 맛이다. 눈에 보이는 재료는 쪽파, 미나리, 갓, 굴, 청각, 채 썬 무와 배 정도이고, 마늘과 생강 맛도 적당한 것 같다. 알 수 없는 뭔가의 재료가 더 첨가된 듯하다. 익숙한 맛이면서도 우리 집에서 찾을 수 없는 재료가 추가된 것이 분명하다.

　전업주부로 강산이 몇 번 변할 만큼 김장을 많이 해 본 경험으로도 추측해 낼 수 없는 이 맛의 비법이 궁금하다. 김치에 들어가는 재료는 아무리 간단히 해도 10가지가 넘는다. 양념 육수에 들어가는 것까지 일일이 다 말하자면 정말 많다. 그러니까 식품의 영양가로도 세계에서 인정한다. 미국의 건강잡지에서는 세계 5대 건강식품으로 김치를 넣었다.

　우리의 김장 문화는 우리나라뿐만 아니고 세계인이 주목하는 유네스코 인류무형문화유산이 아니던가. 그것도 특정한 지역이나 사람이 아닌 우리나라 전체와 전 국민이 전수자가 되어 김장 문화를 계승하고 있기도 하다. 표준화되지 않은 김치 맛의 비결은 어머니와 시어머니 그리고 집안 어른들을 통해 자식들에게 전승되기 때문이다.

　김장이 힘들기는 하다. 어릴 때 본 김장은 며칠에 걸쳐 온 집안 식구들이 매달린다. 무 배추를 뽑아오고 시래기를 매달고 장독 묻을 곳에 땅을 파기도 한다. 배추를 양념에 버무릴 때도 바람 없는 날은 마당에 멍석을 깔고 그 위에 다시 짚을 깔거나 돗자리를 편다. 마당에는 장작불이 벌겋게 타고 있어서 언 손을 가끔 쬐기도 했다. 집마다 젓갈 거르는 냄새가 진동하던 때도 이때다. 핵가족제도로 사라지는 듯했던 김장 문화가 김치냉장고 보급으로 다시 살아난 듯해서 좋다. 김장 때는 떨어져 있던 가족들이 김치 통을 들고 시골로 모이는 새로운 풍경이 생긴 것이다. 그러나 여전히 수고롭고 번거로움으로 인해서 특색 있는 김장이 많이 잊히고 있는 것도 사실이다. 요즈음은 인터넷 검색으로 김치 담그는 방법이야 얼마든지 찾을 수 있지만, 각 가정의 손맛은 흉내 낼 수 없는 비법임에는 틀림이 없다. 아직은 부모님들이 해준 김장김치의 맛

수고롭고 번거로움으로 인해서 특색 있는 김장이 많이 잊히고 있다.
각 가정의 손맛은 흉내 낼 수 없는 비법임에는 틀림이 없다.
기억이 희미해지기 전에 다양한 김장김치 맛을 보존할 수 있어야 한다.

을 기억하는 사람들이 많다. 기억이 희미해지기 전에 다양한 김장 김치 맛을 보존할 수 있어야 한다.

김장김치는 그 지역의 고유 상품이 될 수도 있다. 한 번 맛본 김장 맛을 잊지 못해 찾아오는 관광객도 있을 수 있다. 이제 어르신들만이 알고 있는 전통음식의 비법을 찾아서 우리가 배우고 익혀 다음 세대에게 물려줘야 한다. 친구와 이런저런 이야기를 하다 보니 어느새 김치 통이 다 채워지고 쇼핑백에 선물처럼 김치가 넣어져 있다.

저녁상에 오를 색다른 김치 맛으로 벌써 입가에 미소가 지어진다.

빈 독을 씻으면서

　가을배추라야 김치 맛을 제대로 낼 수 있음을 알게 된 것은 전업주부가 되고 10년을 훨씬 넘기고였다. 김치가 쉽게 물렁물렁해지거나 배추가 잘 절여지지 않을 때도 있었다. 그것이 배추 탓이라는 것을 밭에 직접 배추를 사러 가게 되면서 알았다. 크기와 모양이 김장하면 너무 좋을 것 같아 배추를 뽑고 있는 주인한테 배추를 팔라고 했더니 웃으면서 고개를 저었다. 이유를 물으니 대량 소비를 하는 식당이나 급식소에 들어가는 배추라서 김장배추용은 될 수 없다고 했다.

　모양은 비슷해도 쌈배추는 생장 기간도 짧고, 부드러워서 겉절이나 쌈으로 먹어야 하고 김치는 결구가 잘된 김장용으로 해야 한다고 했다. 이해하는 듯 고개를 끄떡였지만, 최고 품질의 배추를 고르는 일은 쉬운 일이 아니다.

발품을 팔아 겨우 찾았다 싶으면 계약된 배추라서 판매할 수 없다고 해 힘이 빠져 있던 때였다. 무심코 넘긴 신문 속에 끼워져 있던 전단지에 국내산 배추 3일 선착순 한정판매란 문구가 눈에 확 들어왔다. 시세의 반도 안 되는 가격도 그렇고 대관령 배추라서 더 그랬다. 너무 좋아 가슴이 쿵쿵거리기도 했다. 다음 날 아침 모든 일을 미루고 할인매장문이 열리기가 무섭게 농산물 코너로 갔다. 배추를 진열하기 위해 직원들이 분주하게 오갔다.

그중에 한 사람을 붙잡고 한 포기만 쪼개서 맛을 보여 달라고 했다. 그러나 기획상품이고 6포기로 포장되었기 때문에 포장을 뜯을 수는 없다고 했다. 무조건 살 테니 맛을 보자는 말에 배추 한 포기를 잘라 주었다. 속이 노랗고 적당한 수분을 지닌 달고 고소한 게 친정어머니가 키운 배추 맛과 흡사했다.

순간 그 배추에 욕심이 났고 일 년 먹을 김장을 해야겠다는 생각이 들었다. 그러나 기획상품이라 한 사람이 몇 포기나 살 수 있을지 걱정이다. 조심스레 몇 포기나 살 수 있는지 물었다. 자기들끼리 의논을 하더니 아직은 몇 포기씩이라고 정하지 않았고, 선착순이니까 맘대로 사 가라고 했다. 승용차이긴 해도 배추가 잘 포장되어 있어서 운전석을 뺀 나머지 공간을 다 채우면 22망은 실을 수 있을 것 같았다. 필요한 양도 그 정도였다

특가품이라 배달해 줄 수 없다는 말은 미리 들은지라 차까지 배추를 옮기는 일이 문제였다. 잠시 고민에 빠져 있을 때 남자 직원

한 명이 바퀴 두 개 달린 손수레를 끌고 와서 차까지 옮겨주겠다고 했다. 얼마나 고맙던지 금세 얼굴이 빨개졌다. 계산대에서 한 사람이 너무 많이 샀다고 배추 반출을 거부당할까 봐 가슴 졸이기도 했다.

 차까지 배추를 가지고 온 그 직원은 트럭도 아니고 승용차에 이 많은걸 어떻게 싣고 가냐면서 나보다 더 걱정인 표정이었다. 촌에 살면 승용차는 트럭처럼 사용한다고 걱정하지 말라고 했다. 배추만 내려주고 가라는 말에 돌아서서 가던 그 직원이 다시 돌아온 것은 내가 뒷좌석에 배추를 거의 다 실을 때쯤이었다. 차에 실린 배추보다 주차장에 주저앉은 배추가 더 많아서 난감하던 때였다. 내가 하는 모양이 아무래도 안심이 안 되어 잠시 나와봤다면서 배추를 내리고 다시 차곡차곡 넣었다. 아주 단순한 동작이었지만, 내가 미처 생각지 못한 방법이다. 마음이 급한지 손놀림이 빨랐다. 마지막 포대는 뜯어서 한 포기씩 꺼내 빈 곳에 끼워 완벽하게 132포기를 다 실었다. 바쁜 시간에 자리 비웠다고 윗사람에게 혼날까 봐 서두는 그 직원한테 집까지 가는 동안 배추 다 빠개지는 것 아니냐면서 미안한 표정과 함께 걱정스레 물었다. 숨구멍 뚫어서 포장했고 움직이지 말라고 빈틈없이 실었다고 했다. 그러면서 며칠을 그냥 두어도 되니까 몸살 나지 말고 천천히 맛있는 김장이나 하라며 배추보다 나를 먼저 걱정해 주었다. 주르륵 땀 흘리며 뛰어가는 그 직원 등에 대고 고맙다는 인사를 몇 번이고 했다.

그냥 지나쳐도 괜찮은 일임에도 두 번씩이나 친절을 보여준 그 직원의 땀 흐르는 모습은 아직껏 잊을 수 없다. 배춧속에 남에 대한 배려와 친절과 덕담을 묻혀 와서 그런지 김장김치는 정말 맛있었다. 어쩌다 손님 초대나 나들이 때 우리 집 김치를 맛본 사람들은 김치 맛이 예술이라며 칭찬을 아끼지 않았다. 그럴 때면 말없이 배추를 옮겨주고 차에 실어 주던 이름 모를 그 직원의 친절이 생각나서 나도 모르게 비닐봉지에 김치를 넣어 지인들의 손에 쥐어 주곤 했다.

그 때문에 6개 항아리에 묻어둔 김치는 한 사람 두 사람 지인들의 입으로 손으로 다 나가고 일 년 먹을 김장은 새싹이 나기도 전에 김치냉장고로 들어가 보지도 못하고 바닥이 나고 말았다.

빈 독을 씻으면서도 허전하기보다 행복하다고 느끼는 이유는 뭘까?

(1998년 봄)

밀당

"나는 세상에서 호랑이가 젤 무섭다."

남편의 말에 가라앉았던 집안 분위기가 일시에 빵 터지면서 킥킥거리고, 야단이다. 모처럼 무게 잡고 잔소리하려던 나도 그만 별수 없이 웃고 만다. 남편이 말한 호랑이가 바로 나다. 그렇다고 내가 무서워 호랑이가 아니라 12간지 동물 중 범띠라 붙여진 별명이다.

'수입보다 지출이 많으면 파산이다' 소설가 K 선생이 늘 강조한 말씀이다. 좋은 글을 쓰기 위해서는 책을 많이 읽어야 한다고 하시면서 밑천이 없으면 바닥이 바로 보인다고도 했다. 집안 살림살이라고 다를 게 뭐 있겠나 싶다.

남편은 집안 살림살이에는 통 관심이 없는 듯 무심한 척한다. 통장에 잔액이 있는지 없는지 모르는 사람 같다. 자기가 줄 수 있는 돈만 주면 그뿐이다. 어찌 그럴 수 있느냐고 잔소리를 해도 언제나 자기 용돈이 우선인 사람이다.

옛말에 외상이면 소도 잡는다고 했던가. 사람 좋은 남편은 카드가 생기고부터 씀씀이가 커졌다. 어디에 출마할 사람도 아니면서 왜 계산은 마을 총무처럼 매번 솔선수범하는지 답답하다. 카드 청구서가 날아올 때마다 잔소리 폭격을 해대면 이번 달이 마지막이란 말로 얼버무린다.

그런 세월이 강산이 바뀌고도 남는다. 주머니에 돈만 들어가면 없던 약속이 줄줄이 생기는 것 같다. 취미도 좋고 친구도 좋지만 계획성 있게 살자고 이야기하면, 사는 건 어차피 계획대로 살아지는 게 아니란다.

효과 없는 잔소리에 지쳐서 아예 무관심하기로 생각을 바꾸었다. 부추와 풀이 뒤섞여 구분할 수 없어도, 풀 속에 상추가 녹아내려도 모른 척해보자. 하루쯤 이불도 개지 말고 그대로 두자. 상도 대충 덮어 놓기도 하고 설거지도 가끔 미뤄보자. 반찬 없이 먹는 날도 있고 김밥 한 줄 사 와서 열무김치랑 먹기도 하자.

작정하고 마음껏 게으름을 피워보니 손익을 따지기 전에 시간의 쪼들림에서 벗어난 기분이다. 목을 뒤로 젖혀 하늘도 마음껏 쳐다본다. 하늘빛이 본디 저렇게 예뻤던가. 새삼 소녀 같은 감성이 살아난다. 밭둑에 무리 지어 핀 쑥부쟁이, 구절초가 정원박람회에서 본 꽃들보다 더 화려하게 느껴진다. 솎아 주지 않아 올망

작정하고 마음껏 게으름을 피워보니 손익을 따지기 전에
시간의 쪼들림에서 벗어난 기분이다.
목을 뒤로 젖혀 하늘도 마음껏 쳐다본다. 하늘빛이 본디 저렇게 예뻤던가.
새삼 소녀 같은 감성이 살아난다.

졸망 열린 감도 작품이다. 마당 건너편에 자리 잡은 아름드리 굴참나무에 올라간 담쟁이 단풍도 올해 처음으로 눈에 들어왔다. 나는 그동안 무엇에 집착하며 살아왔던가. 허허로운 웃음이 나온다.

남편이 몇 번이나 부탁한 면도기 여유분이 보이지 않을 때도, 외출할 때 바지가 다림질이 안 되어 있어도 그만이다. 전 같으면 전전긍긍하면서 쩔쩔매는 시늉을 했을 텐데, 이제는 나도 '당신은 뭐 내 말 잘 듣나?' 하면서 적반하장씩으로 큰소리친다.

그런데 참 이상한 일이다. 예전 같으면 집에서 주부가 하는 일이 뭐냐고 짜증을 냈을 일이다. 당장 면도기를 사 와야 하고, 다림질도 해달라고 성화였을 일인데, 눈치만 한 번 쓱 보고는 아무 말 없다. 그뿐이 아니다. 친구들과 놀다 와서 저녁 준비도 안 하고 전화기를 들고 수다를 떨고 있으면 라면도 끓여온다.

"그리 재밌나, 같이 묵자."

차려주지 않으면 굶거나 시켜 먹을 줄만 알던 사람이다. 라면을 직접 끓이는 건 상상도 못 한 일이다. 또 내가 드라마에 빠져 있으면 슬그머니 나가 설거지도 한다. 다른 사람들 앞에서는 마누라를 위해 산다는 말도 자연스레 한다.

죽어라 받들 땐 왕처럼 군림하던 사람이 느지막이 연애하는 총각처럼 다정다감해지다니. 의도하지 않았지만, 이게 바로 젊은 사람들이 말하는 밀당의 효과인가? 세상이 바뀐 건지, 사람이 달라진 건지 헷갈리지만 어쨌거나 기분 좋은 일이다.

　미리 계획하고 준비하자는 뜻에서 한 잔소리들이 괜한 짓이었던가. 그렇다면 이제라도 사는데 별 도움 안 되는 걱정 따윈 던져 버리자.

　창가에 앉아 바라보는 낮달도 나처럼 편안해 보인다.

가을 끝자락에 서서

 가을비가 여름 장마철보다 잦다. 어제는 강풍까지 동반하더니 밤사이 감나무 잎이 와르르 다 떨어졌다. 비에 젖은 감이 대롱대롱 찬 바람에 애처롭다.
 까치들이 홍시에 구멍 내기 바쁘다. 하나씩 아껴 먹으면 밉지나 않을 텐데, 맛을 탐색하듯 일일이 다 쪼아대고 있으니 심사가 뒤틀린다. 돌멩이 하나 주워 나무 위로 힘껏 던진다. 놀라서 도망가는 꼴을 보니 어느 정도 분풀이는 된다.
 양파망을 쓴 수수, 모기장을 둘러쓴 대추, 울타리용 그물로 밭 전체를 덮은 곳도 보인다. 오늘은 이런 모습들이 우스꽝스럽지 않게 보인다. 그런데 우리 감나무만 무방비 상태이고 보니 새들의 표적이 된 것이다. 차일피일 미루다가 하나도 멀쩡한 게 없을 듯해서 감을 땄다.

고개를 젖히고 감을 당기는 일은 생각보다 쉽지 않다. 가까이 사는 형제들과 이웃에 조금씩 나누고 보니 며칠 동안 딴 감이 금세 바닥을 보인다. 생각을 바꿨다. 감을 주고 싶은 사람들에게 따 가라고 했다. 언니가 친구랑 함께 오면서 점심으로 김밥과 재첩국, 커피를 가져왔다.

올해는 감이 풍년이다. 가격 폭락에 수요마저 다른 과일에 밀려 감 농가의 시름이 깊다. 이러다 보니 해마다 건네는 감이라도 돈으로 따지면 얼마 되지 않아 받는 사람들에게 괜히 마음 부담만 주는 것 같아 민망한 면도 있다. 그런데 직접 와서 따 가니 서로 부담 없어 좋다. 뿐만이 아니다. 감을 따면서 풀어놓는 지인의 옛이야기에 추억 속의 가을을 더듬는 재미가 쏠쏠하다.

그때는 우리는 주로 큰언니가 나무에 올라가 감을 땄다. 아래에서 홍시를 받아든 작은언니와 나는 망태기 대신 입으로 넣기 바빴다. 뒤늦게 그 사실은 안 큰언니 얼굴이 감빛처럼 벌겋게 열이 올라 노발대발하던 기억이 떠올라 웃는다.

그 시절 고향 동네는 누구네 집 할 것 없이 안방 달력 위에는 오지게 열린 가지감을 걸어놓고 가을 정취를 즐겼다. 그때를 생각하며 감이 많이 달려 꽃처럼 예쁜 가지를 하나 꺾었다. 올해는 나도 거실 한 귀퉁이에 이 가지감을 세워두고 가을을 천천히 음미해보고 싶다.

봄비

　기분 좋은 봄비가 내린다. 어제 물을 안 주고 묘목을 심었는데 다행이다. 몇 년째 나무 심기를 한다. 고라니와 멧돼지 등쌀에 살아남는 게 많지 않기 때문이다. 야생동물들이 어린나무 껍질을 벗기는 탓에 나무가 죽는다는 걸 작년에서야 처음 알았다. 그리고 가뭄으로 뿌리가 말라서 봄에 싹을 틔우지 못하는 것도 많다. 꽃차를 하다 보니 공기 좋은 곳에서 자란 나무의 꽃을 수확해야 한다. 그래서 깊은 산골짜기에 나무를 심다 보니 벌어지는 일들이다. 지금 내리는 봄비가 겨우내 가뭄에 시달리던 어린나무나 그것을 지켜보며 속을 태우던 내게는 정말 고맙다.

　어떤 땅에도 잘 자라고 들짐승의 피해도 없는 게 목련인데 묘목을 살리는 일이 숙제다. 그러므로 심고 가꾸는 일에 다른 어떤 작물보다 신경을 많이 쓴다. 남편이 굴착기로 아직 풀리지 않은 땅을 파고 그다음 묘목을 넣고 흙을 덮는다. 뿌리 사이에 공기가 들어가지 않고 잘 활착이 되도록 물을 주고 단단히 밟아야 하지만, 저녁부터 비가 내린다는 일기예보를 믿고, 물주기를 생략한 것이다. 그리고 무리하게 나무 심기를 끝내려고 하다 보니 늦은 저녁까지 일하게 되었다. 어린나무 옆에 마른나무 가지를 꺾어 와서 여러 개를 꽂고 붉은 노끈으로도 여러 번 맸다. 길게 늘어뜨린 노끈이 바람에 펄럭거리면서 고라니가 접근하지 못하게 하는 방법인데, 작년에 이 방법으로 묘목을 지키는데 효과를 보았다. 그러는 내내 하늘로 눈이 갔다. 언제 떴는지 보름달이 환하다. 잠시 후 회가 일었다. 일기예보만 믿고, 물주기를 안 하고 나무를 심은 일이. 그렇다고 지금 물을 퍼다 주기에는 너무 늦은 시간이다. 설마 일기예보가 틀리기야 하겠나 싶어 계속 일을 했다. 남편은 굴착기에 조명등을 켜고 나는 휴대전화기 손전등까지 켜서 나무 보호막 치는 일을 마무리했다.

  내려오는 길에 보니 들판에서도 경운기 작업하는 모습이 더러 보인다. 아마도 우리처럼 비를 기다리는 작물을 심기 위해 그럴 것이다. 시골 일이란 게 그렇다. 오늘 아니면 내일 혹은 그다음 날 미뤄도 되는 게 있는가 하면 하루 미루면 일주일 혹은 일 년을 다시 기다려야 하는 것도 있다. 옛날부터 조상들이 그랬던 것처럼 들판에 씨를 뿌리고 심는 것은 봄비 내리는 시기와 관계가 있다.

  늦은 저녁을 먹고 밖에 나와 섰지만, 여전히 보름달은 투명하기까지 했다. 하늘을 아무리 쳐다봐도 비 소식을 가진 구름이 보이지 않는다. 옛날 어른들이 왜 농사철에 하늘을 그렇게도 올려다봤는지 절로 이해가 갔다.

'내일 일어나서 물을 줘야 하나? 아직 기온이 높지 않으니 비가 올 때까지 그냥 둬도 괜찮을까?' 온갖 생각으로 뒤척이다 잠시 잠든 사이에 비가 내리기 시작한 것이다.

"비 온다아."

"거 바라 요새 일기예보 틀린 게 없다니까."

전날 심은 어린나무를 살펴보기 위해 부랴부랴 옷을 챙겨 입는다. 밤에 비가 제법 왔는지 어린나무들이 흠뻑 젖어 있다. 땅에는 작은 웅덩이도 생겨났다. 주변 산속, 들판에 그간 목마름에 숨죽어 있던 새싹들이 화들짝 놀라 일어서려는 아우성이 들려오는 듯하다. 올해 목련 농사는 풍년이 될 것 같다. 봄비가 보약이라고 하더니 정말 그런 것 같다. 어제 미처 하지 못한 물고랑을 만들고 내려오면서 지나치는 밭둑에 내 눈길을 잡는 게 보인다. 차 불빛 속에 드러나 보이는 것은 새 쑥이다. 무더기로 군데군데 올라와 있다. 재빠르게 낫으로 쑥을 뿌리째 베서 비닐봉지에 담는다. 제법 많다. 물론 다듬고 나면 많이 줄겠지만, 두 식구가 몇 끼는 먹을 만한 양이다. 어제는 안 보이던 쑥이 봄비에 도깨비방망이 요술처럼 자란 모양이다.

집으로 돌아와 쑥을 다듬는다. 묵은 잎이나 뿌리는 잘라내고 티

농사짓는 문우가 농사는 하늘과 동업이라고 말하던 게 생각난다.
봄비가 전해주는 생명력이
우리에게도 일철이 왔다고 속삭이는 것 같다.

끌을 골라내니 버리는 게 더 많다. 예전에는 봄 쑥은 잎뿐만이 아니고 뿌리까지 양분이 많다고 길쭉한 대칼을 땅속 깊이 넣어 캤다. 대칼은 대나무로 만든 것으로 끝이 뾰족하다. 땅속에 묻힌 붉은빛이 도는 부분까지 캐오면 다듬는 동안 쑥물이 들어 손톱 밑이 며칠 동안 까맸다. 지금은 세제로 씻으면 손톱이 깨끗해지니 그런 걱정은 안 해도 된다. 바지락에 참기름을 넣고 살살 볶다가 쌀뜨물에 멸치를 넣고 끓인 육수를 붓는다. 쑥은 여러 번 씻고 헹구어 물기를 털고 넣는다. 한소끔 끓인 후 들깨가루와 땡초 그리고 마늘과 파를 넣어서 만든 쑥국을 상 위에 올린다. 봄 향이 기분 좋게 전해진다.

아침을 먹는 동안에도 봄비는 계속 내린다. 이제 곧 얼음이 녹고 온 들판에 쑥이랑 냉이가 시샘하듯 새싹을 밀어 올리고 숨죽이던 수국의 마른 가지에도 붉은 새순이 거짓말처럼 나올 것이다. 개나리도 진달래도 다투어 필 것이다. 농사짓는 문우가 농사는 하늘과 동업이라고 말하던 게 생각난다. 봄비가 전해주는 생명력이 우리에게도 일철이 왔다고 속삭이는 것 같다.

봄! 농부에게는 다시 시작하는 희망이다.

버리기와 남기기

　손님이 온다기에 청소하다가 문득 옛날 생각이 났다. 한참을 거슬러 올라간 이야기다.
　연말이라 외출할 일이 많아져 대학 입학 때까지 비교적 시간적 여유가 많은 딸아이에게 가사 실습이란 명분을 내세워 이런저런 집안일을 부탁했다. 청소며 세탁기 돌리기, 빨래 널고 정리하기, 상 차리기, 설거지하기 등을 야무지게 하는 게 신통하고 대견했다. 그런데, 점심나절 외출하는 나를 보고 급하게 부탁한다. 상 치우기만 좀 도와 달란다. 하필이면 몇 분 걸리지도 않는 그 일을 해달라는 특별한 이유를 물었다. 남은 음식들을 버리기와 그냥 남겨놓기에서 갈등이 생긴다고 했다. 어중간히 남은 음식들을 버리자니 아깝고 남겨놓자니 다시 다른 그릇에 옮길 것인지 아니면 많은 음식이 있는 본래의 통에다 담아야 하는지. 예전에 내가 고민하던 모습을 보는 듯하다.

 어릴 때 우리의 할머니와 어머니들은 가족들과 함께 밥을 먹지 않았다. 누룽지나 숭늉을 챙기는 척하면서 가족들의 식사가 끝나기를 기다리다가 식구들이 남긴 밥이나 찬으로 식사하면서 상 치우기를 했다고 한다. 남은 밥이 적으면 누룽지나 숭늉으로 허기를 채우고, 아이들이 군것질로 잔밥이 많이 남으면 또 많은 대로 잡수시곤 하던 고무줄 배였다.

 우리는 그런 모습을 보고 자랐지만, 자식들은 배고픔을 모르는 세대다. 따라서 음식 욕심이 많지는 않다. 음식보다는 고속도 맘에 안 들어 초고속을 외치는 시간을 더 따진다. 한 가지 음식으로 한 끼를 해결하기보다 새로운 메뉴로 균형 잡힌 영양 식단을 짜기 위해 고민한다. 그러다 보니 가족들도 되풀이되는 음식보다 처음 보는 반찬에 젓가락이 가고 한번 상에 올랐던 반찬은 며칠씩 냉장고 한쪽을 차지하다 버려지기 일쑤다. 그럴 바에야 차라리 남은 반찬은 미련 없이 버리는 쪽이 현명하다는 결론을 스스로 내렸다.

 밥 한번 제대로 해 본 적 없이 입시전쟁에서 공부만 하던 요즈음 아이들이 그런 속사정을 어떻게 알까.

 하기야 세상에서 버리기와 남겨야 하는 경계에서 고민하는 일이 비단 이일뿐이겠는가. 사람이 살이 찌는 이유도 필요 이상의 영양분을 섭취하고 나머지를 몸 밖으로 빼내지 못해서 생기는 것이다. 이왕 말이 나온 김에 더 보태자면 비만과 살 빼기다. 책 읽고 TV 보는 일이 내가 보내는 여가의 대부분이다. 늘 되풀이되는 일상에서 그래도 내가 하고 싶은 일이 책 읽고 신문 보고 TV 보는 일인데, 그 시간을 쪼개서 운동하는 것은 어쩐지 시간 낭비라는 게 운동 안 하는 변명이다. 체중이 느는 것도 아니라서 비만에 대한 심각성을 느끼지도 못했다.

그런데, 유행 탓인지 요즘 주위에 운동하는 사람이 부쩍 많아졌다. 날씬한 게 활동하기 편하고 성인병이 생길 확률이 낮다니 체중 줄이는 일을 생각해 볼 문제다.

살이 빠지는 방법은 간단했다. 먹는 걸 줄이고 운동을 하는 것이란다. 그러나 방법은 쉽지만, 실천은 그리 간단한 게 아니다. 줄이고 줄여도 모임이나 사람 만나는 일은 점점 더 늘어나고, 사람 만나서 이야기하다 보면 음식과 음료는 기본이다. 음식이 오가지 않고 어떻게 맹숭맹숭 떠들다가 올 수 있나. 그러니 필요 이상의 영양분을 버리는 일이 나에게는 전쟁이다. 이것이 꼭 물질적인 것만은 아니다. 필요 없는 생각과 정보들도 빨리 버리는 게 중요하다. 그렇다고 또 무조건 비워내는 게 최선이라 말하기도 어렵다. 나중에 쓰임을 있을 것 같은 것을 잘 챙겨두는 것도 소비 지출을 줄이는 한 방법이니 말이다.

다시 정리하자면 무엇이든 내가 가질 수 없을 만큼을 소유한다면 그 무게로 인하여 고통스러운 것은 당연히 가진 자의 몫이다.

이런저런 생각을 하면서 당장 필요하지 않은 물건들을 대충 한

쪽 상자에 집어넣고 청소기를 돌렸더니, 비어 있는 공간이 시원스레 눈에 들어온다.

  비움으로 생긴 공간 여백이 편안함으로 다가온다. 버리기와 남기기 그리고 비움과 채움의 반복으로 살아가는 일상에서 어떤 선택을 해야 할지를 잘 판단하는 지혜가 필요한 것 같다.

작은 농부

방 안 온도가 30도다. 밖에서 들어온 남편이 깜짝 놀란다.
"찜질방 갈 돈이 없더나?"

일주일씩 김장한다고 부지런히 움직였더니 몸살 기운이 있다. 병원이나 약보다 땀을 푹 내면서 자는 게 나을 것 같아 보일러를 계속 돌리면서 종일 잤더니 온몸이 땀범벅이다.

뒤돌아보면 올 한 해는 장바구니 물가가 폭등해 서민들의 살림살이가 더 팍팍해진 한 해였던 것 같다. 무, 배춧값이 올랐다 해도 산지 농민들이 피부로 느끼기는 역부족이었고 쌀값 하락만이 농민들이 느끼는 고통이라 한다.

지난여름 그동안 하던 일을 그만두고 늘 하고 싶었던 농사나 제대로 짓겠다고 말했다. 말로는 큰소리쳤지만, 엄두가 나지 않았다.

폭염주의보가 내려진 들판은 연일 30도가 넘는다. 일하지 않아도 땀이 줄줄 흐르고 봄에 갈아엎은 밭에는 쑥이랑 풀이 내 키를 넘는다. 거름도 당장 구해야 했다.

한우 키우는 지인이 축산퇴비를 가져가라 했지만, 운반하는 것과 발효시키는 일이 쉽지 않다. 농협에 부탁했더니 조합원이라고 한 포대에 천 원 정도 할인해서 밭까지 배달해 주었다. 더운 낮에는 피하고 어둠이 채 걷히기도 전인 새벽에 나가서 조금씩 풀을 베고 한 고랑씩 만들었다. 날마다 밭에 출근하는 우리 부부를 보고 사람들은 차 기름값도 안 나오겠다며 그냥 사 먹는 게 훨씬 돈 버는 일이라고 한마디씩 한다.

8월 마지막 날부터 배추, 무, 상추, 쪽파 등을 조금씩 심었다. 싹이 나고 잎이 자라는 모습이 신기하다. 농업경영인으로 15년을 살았던 우리가 배추 한 잎에 탄성을 지르고 좋아하리라고는 생각지 못했다. 할아버지 할머니가 자기 자식 키울 때 몰랐던 정을 손자 손녀에게 느끼는 기분이랄까. 늦더위에 무, 배추 모종이 말라버리고 태풍과 폭우에 씨앗이 녹아버려서 몇 번씩 파종을 다시 하는 이웃들을 본다. 그래도 우리 밭의 여린 싹들은 씩씩하니 잘 자란다. 무, 배츳값이 하늘 높은 줄 모르고 오른다. 그래서 작목을 잘 선택했다고 미리 잘난 체도 해본다.

아직 어려서 손에 잘 잡히지도 않는 무, 배추를 솎아낸다. 나물도 하고 물김치도 담는다. 농약을 치지 않아 겉절이도 안심하고 먹는다. 덕분에 시장 가는 일이 줄어든다. 그런데도 식탁이 더 풍성해진 것 같다.

비닐 덮기를 하라는 이웃의 권유도 웃어넘긴 덕분에 아침마다 풀과의 전쟁으로 손톱 밑이 까맣다. 농사는 취미나 낭만이 아닌 노동이라는 사실을 온몸으로 느끼면서도 행복하다. 날마다 조금씩 변하는 생명을 바라보는 재미만으로도 노동의 대가는 충분한 것 같다.

친정 형제들의 모임에 김치를 가져갔다. 정말 맛있다는 칭찬 일색이다. 무공해 식품이니 몸에는 좋을 거라면서 웃으며 화답한다. 김장철에는 배춧값이 내릴 거라며 비쌀 때 나눠 먹어야 한다는 남편의 의견을 존중해서 아직 결구되지 않은 배추랑 무를 중간마다 솎아서 나눠줬다. 본래 논이라서 물대기가 좋아 가을 가뭄에도 물을 충분히 주었다. 그런데 약을 치지 않아 손가락만 한 배추벌레가 배추를 갉아 먹고 있다. 집게로 한 마리씩 잡아봤지만, 늘어나는 벌레 수를 감당할 수가 없다. 배춧잎에 벌레 똥이 눈에 보여도 벌레와의 술래잡기는 쉽지 않다. 그냥 배추를 포기하고 싶을 즈음에 뜻밖으로 10월에 서리가 내렸다. 가을걷이가 끝나지 않은 들판은 난리다. 미처 거둬들이지 못한 호박이며 고구마 등이 얼어서 잎들이 축 처져 버렸다. 첫추위가 너무 일찍 와서 배추가 결구되지 않는다고 울상인 이웃 보기가 미안했지만 난 손뼉을 쳤다. 자연의 힘은 참 대단하다. 그렇게 의기양양 극성을 부린 통통하던 그놈의 배추벌레들이 밤사이 하얗게 얼어버린 것이다. 농사는 하늘이 반은 도와야 한다는 말을 실감한 순간이다.

씨앗을 사러 갔더니 종잣값이 천차만별이다. 품종을 모르는 나는 무조건 최고 맛있는 것을 달라고 했다. 가격이 5배 이상이나 차이가 난다. 그래도 최고 비싼 값을 지급한 덕분일까? 무, 배추가 처음 먹어보는 맛처럼 맛있다.

나눠 먹는 것도 고민이다. 떠오르는 사람들이 많다. 평소에 신세 진 사람들이 이렇게나 많았나 새삼 뒤돌아본다. 명절 때마다 시댁에서 인삼을 얻어다 준 친구, 해마다 배랑 단감을 상자로 가져온 친구, 가시에 찔려가며 딴 산딸기를 무공해라고 보내준 친구.

뽑고 다듬어서 보내고 나눠 주는 것도 보통 일이 아니다. 김장도 하기 전에 팔목이 아픈 것 같다. 배추 뽑으러 오면서 언니들이 가지고 온 젓갈이며 생강, 마늘, 고춧가루 등으로 양념을 하고 보니 올해 김장은 완전히 공짜로 하는 기분이다.

이왕 시작한 김에 김장을 넉넉하게 했다. 직장생활 하는 친구, 친정어머니 다니시는 경로당, 혼자 계시는 이웃 할아버지, 늘 김치를 사 먹는 이웃 등에게 갖다 드리고 택배로 보냈다. 우리 집 김치냉장고를 가득 채우고, 일 년 먹을 만큼 김칫독에도 넣어 땅속에 묻었다.

김칫독 두 개를 묻기 위해 허리만큼 땅를 파는 일을 거들기도 했고, 김칫독에 김치를 넣는 일이며 다시 묻는 일 또한 수월하지 않아 온종일 종종걸음이었다.

　모든 일을 마무리했다고 생각하는 순간 긴장이 풀리고 몸살이 났나 보다. 그래도 어설프게 다시 시작한 농사치고는 대박이었다. 내가 지은 농사로 여러 집 김장을 행복하게 했으니 말이다.

　가지산도립공원 내에 있는 논에는 겨울철을 대비해서 오염되지 않은 맑은 물을 끌어들여 만든 미나리며 겨우살이 유채 등이 탐스럽게 잘 자란다. 그런데 우리가 먹기 전에 항상 고라니, 토끼, 노루 등이 먼저 먹어버리니 한 번도 뽑아오지를 못했다. 마늘, 양파는 아직 손대지 않은 거로 봐서 내년 봄에는 먹을 수 있을까.

　창고 안 비닐봉지에 대롱대롱 달린 호박씨, 수세미, 콩, 옥수수, 접시꽃 씨 등이 작은 농부와 함께 봄을 기다리고 있다.

(2010년)

part 5
자연인

자연인 • 고향의 봄동산 • 찾지 말자 • 아줌마들의 가을 소풍 • 추억을 줍다 • 범
든골 사람들 • 이팝나무 • 거듭나기

자연인

　새우튀김을 하다가 실수로 잔뜩 열이 오른 기름에 그만 손가락을 데었다. 임시방편으로 화상 부위를 소주에 담그고 연고도 발랐지만, 화끈거리고 아픈 증세가 더 심했다. 날씨가 더워서 혹시 상처가 덧날까 봐 간단한 응급처치나 처방전만 받아올 요량으로 병원으로 갔다.

　요양병원이라 조용할 거라는 내 생각과는 달리 대기실이 북적거린다. 음식을 하다가 대충 덮어 놓고 왔기에 마음이 급했지만 기다릴 수밖에 없다. 텔레비전도 보고 잡지랑 신문도 봤지만, 시간도 잘 가지 않는 것 같고 대기자 수는 늘어만 가서 짜증이 난다. 한 번 들어간 사람은 나올 줄 모르고, 더구나 내 순서는 언제인지 알 수 없다. 무심코 주위를 휙 둘러본다. 학생, 아줌마, 할아버지, 할머니, 다양한 연령대의 사람들이다.

보통 시골 병원은 경로당이라고 한다. 그런데 읍 소재지 병원이라고 하기에는 의외로 젊은 사람들이 너무 많은 것 같아 고개를 갸우뚱해본다. 겉으로 보기에는 멀쩡해서 아파 보이는 사람도 없다. 그러니 응급환자도 없는 셈이다. 물론 나도 붕대 감은 손을 감추고 있었으니 남들 보기에는 멀쩡해 보일 수도 있다.

한참 만에 진료실에서 나오는 사람들을 보고서야 그 궁금증이 풀렸다. 얼굴이 벌겋게 달아올라 부채질하는 사람과 얼굴이 군데군데 파 헤쳐진 모습들이다. 한마디로 멀쩡히 들어갔다가 나올 때는 바로 바라보기 민망한 몰골이다.

시술 방법이나 이름은 모르지만, 점 빼기나 기미 없애기 등을 하고 나온 것 같다. 예뻐지고 싶은데 남녀노소가 어찌 다를까 마는 저렇게 죽기 살기로 해야 하는지 의아스럽다. 요양병원이라 가정의학과만 있는 줄 알고 왔는데 피부 진료가 전문인 것 같다.

지금 우리 사회는 외모도 경쟁력이라고 해서 얼굴이나 몸매 가꾸기 열풍이 불었다고 해도 과언이 아니다. 남자들까지도 이 대열에 합류했으니 오죽하겠는가. 대학가에서는 면접을 보기 위해 얼굴이나 몸매관리를 필수처럼 여기고 있다. 자격증이나 텝스, 토플 점수처럼 외모도 자격조건 일부란다. 그러므로 타고난 외모도 중요하지만, 부족한 부분은 인위적으로 만들고 꾸준한 관리를 해야 한다고 한다.

국회의원의 '여성 비하' 발언 중에도 우리 사회에 만연하고 있는

살아 있는 모든 생물은 제각각의 아름다움을 지니고 있고,
길가 이름 모를 들꽃조차도 자세히 보면 아름답다고.
아무리 외모도 경쟁력인 사회라도 나는 외모보다는 내면의 아름다움을 더 가꾸고 싶고
자연의 일부가 되어 살고 가고 싶은 자연인이라고 말이다.

'외모 지상주의'를 바로 보여준다. 높으신 분들까지 그러니 외모에 대한 비중이 어느 정도인지 가히 짐작할 만하다. 그러나 예쁘지 않다고 모두 불행한 것은 아니다.

언젠가 남편 후배 결혼식에 갔다. 그 후배는 대기업에 다니며 잘생기고 어질고 성실한 사람이다. 재력도 있어 신혼집도 그림 같은 집을 준비했다. 흔히 말하는 일등 신랑감이다. 그런데 그 신부는 화장을 곱게 했음에도 적어도 내가 보건대 그리 예쁜 얼굴이 아니다. V라인의 얼굴, S라인의 몸매도 아니며, 키도 작고 날씬하지도 않다. 하객들은 신랑이 아깝다고 수군거린다.

그 후, 우연히 길에서 그 후배 부부를 만났다. 얼굴에 웃음이 가득한 신혼부부는 마냥 행복해 보였다. 새신부는 다시 봐도 예쁜 얼굴은 아니었지만, 대신 생기 있는 모습과 자연스레 웃는 얼굴은 확실히 상대방을 편안하게 해주기에 충분해 보였다. 새신부의 매력을 신랑인 남편의 후배는 볼 줄 알았던 것이다. 누구나 자신만의 개성을 잘 살리고 내면을 충실히 가꾼다면 분위기나 표정에서 저절로 아름다움이 묻어 나온다고 본다.

우리나라는 성형수술이 이미 보편화된 사회다. 그렇다고 아무나 할 수 있는 게 아니다. 성형수술이나 치아교정 같은 수술을 가장 많이 하면서도 국민건강보험 혜택이 주어지지 않기 때문에 수백만 원씩 하는 비용이 큰 부담이었기 때문이다. 치아가 고르지 못하면 그 아이의 부모들은 경제적 능력이 없는 사람으로 보인다.

임플란트를 못한 부모들은 자식 욕 먹일까 봐 웃는 것도 조심한다고 한다. 치아교정이나 성형수술도 국민건강보험 혜택이 주어져야 비로소 제대로 된 건강보험이라 할 수 있을 것 같다.

나름대로 공상에 빠져 있는데 옆에 있는 아줌마가 말을 건다.

"점 빼러 왔어요?"

'어~ 내 얼굴에 점이 있었나?'

생각지 못한 질문에 물끄러미 상대방의 얼굴을 쳐다보았더니,

"점 빼는 거는 얼마 안 하잖아요."

아줌마는 자신은 주기적으로 관리를 받는다고 했다. 피부미용에 관심 없는 나를 이상하다는 듯 몇 번이고 더 이야기를 붙여왔다.

"그러게요. 그런데 게을러서 그런지 겁이 많아 그런지 아직 이러고 있네요."

나는 어색하게 웃으며 대충 얼버무리고 말았다.

비가 오거나 기온 차가 날 때 습기 때문에 앞이 보이지 않는 안경을 벗어버리려면 렌즈도 있고 라식수술 등 간단히 해결될 일을 남의 일처럼 관심을 두지 않고 안경 하나로 만족하고 있으니 정말 사고의 전환이 필요하다고 느낀다.

생활하는 데 불편함이 없어 그렇다는 것은 분명 궁색한 변명에 불과할지도 모른다. 파마기 없는 머리, 화장하지 않는 얼굴, 늘 똑같은 색상의 비슷한 옷들, 도대체 그 자신감은 어디서 오느냐고 친구가 묻는다.

나름대로 머리 드라이도 하고 계절이 바뀔 때마다 옷도 새로 사지만, 좋아하는 색상이나 모양이 변하지 않으니 늘 같은 모습으로 보이는 게 무리는 아니다. 그뿐인가. 특별한 날이 아니면 반지 하나 목걸이 하나 걸치지 않으니 미적 감각은 아예 제로라는 말까지 듣지 않았는가.

며칠 전에는 남편이 방바닥에 볼펜이 묻었다며 아세톤을 찾는다. 한 번도 매니큐어를 사본 적이 없는데 어찌 아세톤이 있겠느냐고 했더니 남편도 픽 웃는다. 날씬하고 예쁘게 꾸미고 싶은 욕심이 왜 없는지 궁금해하는 남편에게 말한다. 살아 있는 모든 생물은 제각각의 아름다움을 지니고 있고, 길가 이름 모를 들꽃조차도 자세히 보면 아름답다고. 아무리 외모도 경쟁력인 사회라도 나는 외모보다는 내면의 아름다움을 더 가꾸고 싶고 자연의 일부가 되어 살고 가고 싶은 자연인이라고 말이다.

고향의 봄동산

 차에서 내리는 순간 휙 부는 바람이 치맛자락을 들친다. 오랜만에 찾은 고향길에 사람 대신 안겨드는 바람이지만 싫지 않다. 어릴 적 날마다 오르내리던 언덕배기에 양산시립박물관과 문화원이 들어서서 내려다보고 있다. 마을에서 가장 부잣집으로 손꼽히던 친구네 기와집은 주차장으로 바뀌었고, 한여름 더위를 식혀주던 회화나무와 골새미는 보이지 않는다. 주차장을 가로질러 '고향의 봄동산' 안내도를 따라 천천히 발걸음을 옮긴다.
 갈퀴로 솔갈비를 긁어서 나뭇단을 만들고 심심하면 짚단을 깔고 미끄럼을 타고 놀았던 곳이다. 땔감이 부족하던 시대라 묘지 주위의 도래솔 말고는 큰 나무도 없었는데 지금은 나무들로 숲이 꽉 찼다. 그때는 사흘이 멀다 하고 도벌꾼들이 와서 온 산을 헤집고 다녀서 황토흙이 맨살을 드러낸 곳이 많았다. 깨진 토기를 돌멩이로 다듬어서 소꿉장난할 때는 그게 유물인 줄 몰랐다. 도굴꾼 잡는다고 사복형사들이 우리 집 아래채에 한 달이나 진을 치고 나서야 알았다. 북벌 고분에서 나온 제기나 향로 같은 그릇을 꽤 비싼 값에 판다는 것이었다.

다슬기 잡고 가재 잡던 도랑은 어슴푸레 기억이 난다. 빠지면 죽는다고 근처에 얼씬도 못 하게 하던 작은 저수지는 잔디밭으로 변해 있었다.

공원 중턱에 놓인 의자에 손녀들을 데리고 나온 할아버지가 앉아 있다. 혹시나 아는 사람일지도 모른다는 생각에 뛰어가 보니 처음 보는 사람이다. 멋쩍은 인사를 건넸다. 어린아이를 보니 다시 옛날 생각이 난다.

우리 마을에는 손씨들이 많이 살았고, 손씨들의 제실에 시사가 있는 날이면 인근 마을 아이들까지 떡을 얻으러 오고는 했다. 시사가 일요일이면 다행이지만, 평일이면 점심시간을 이용해서 떡을 얻으러 간다. 동생을 업고 오는 아이는 두 봉지다. 그날은 동네 아이들이 친구 동생을 번갈아 가며 업어준다. 눈빛만 봐도 누구 집 아이인 줄 다 아는 어르신들이 몰랐을 리 없었다는 건 내가 어른이 되고서야 알았다. 늦게 간 우리가 선 줄은 줄지 않았다. 나눠 주는 떡이 동이 난 모양이었다. 급하게 전이라도 구워서 줄 선 아이들 손에 쥐어 줘야 마음이 편했던 모양이다. 시간 가는 줄 모르고 줄을 서서 기다렸던 우리는 점심시간이 끝나고 수업 마칠 때쯤

학교에 들어갔다. 때문에 해가 지도록 벌 청소를 해야 했다.

  온갖 생각을 다 떠올리면서 걷다 보니 어느새 북정리 고분까지 왔다. 가시에 긁히고 몇 번은 미끄러져야 오를 수 있던 고분이었는데, 지금은 어린아이들도 다닐 만큼 산책로가 좋아져 있다. 잘 다듬어진 고분 위로 키 작은 쑥부쟁이가 피었다. 구색 맞추듯이 호피무늬 나비 한 마리 앉아 꽃잎에 입맞춤하고 있다. 폰을 여러 번 눌러도 날갯짓까지 하면서 여유를 부린다.

  그때 우리는 고분에 오르면 자기 집을 찾느라고 표지석에 서로 올라가려고 했다. 그다음은 엄마를 찾는 일이다. 방앗간이 있던 백씨 집 대청마루에 마을 사람들이 앉아 있고 우리 엄마가 있다, 없다로 싸우고 토라지곤 했다. 지금은 나무들이 많이 자라서 예전 모습을 그대로 보존하고 있는 몇몇 집들조차도 보이지 않는다.

  많은 것이 변해도 인간이 간섭하지 않은 저 멀리 양산천은 그대로다. 둑 아래는 마을 사람들에게 갑질하던 중국 청도 사람을 밀어서 빠져 죽게 했다는 전설이 있는 청도 웅디가 있었다. 지금은 크고 작은 공장들로 빼곡히 차 있어서 항상 우중충한 물을 안고 있던 예전 흔적은 남아 있지 않다.

  여름이면 집에 있는 소들을 몰고 나와 매어놨던 솔곳 솔배밋들은 아파트와 크고 작은 건물들이 들어섰다. 점심나절이 지나면 초등학생이던 우리는 떼를 지어 소 풀 먹이러 간다. 모그남골 위로 숨소리조차 내지 않고 지나가던 공동묘지를 지나서 호계골과 산

성만딩이로 가는 갈림길까지가 우리 동네 소들이 갈 수 있는 곳이다. 누가 정해 놓은 것도 없는 암시적인 구역이다. 어쩌다 눈치 없는 소들이 경계를 넘어가기라도 하면 다른 동네 사람들에게 봉변이라도 당할까 봐 혼자서는 절대 소 찾으러 가지도 않았다. 뿔에다 이까리(고삐)를 감아 산으로 올려 보낸 뒤 우리는 싸리로 마당 비를 만들거나 놀이를 한다. 그러던 어느 날 우리는 새로운 아지트를 발견하고 해가 지는 줄 모르고 놀았다. 날이 저물자 소 떼들이 내려오다 남의 볏논에 들어가 나락 모가지를 댕강댕강 뜯어 먹었다. 나락 논 주인이 혼낼까 봐 무서워서 소만 집에 보내고 아이들은 늦은 밤까지 숨어서 떨었던 기억은 아직도 손에 땀이 나게 한다.

마을에서 조금 떨어진 곳이지만, 논두렁에 쑥이랑 냉이 등 갖가지 나물거리가 유난히 많았던 청띠들은 예전의 흔적이 어디에도 없다. 물거리가 많아 나뭇짐 채우기 좋았던 주추골은 예전보다 더 푸르게 울창한 숲으로 덮여 있다. 절만 해도 소원이 이루어진다는 사당이 있었던 산성만딩이까지는 산책하기 좋은 둘레길이 나 있다. 다랑논이 많던 새지골과 턱없이 낮은 토지수용가격으로 말 많았던 중각단들은 이제는 택지로 변해버려 어디가 어딘지 그림조차 그릴 수 없다.

아는 이가 없고 논밭이 변해도 고향은 엄마 품이다. 눈에 익은 골목길, 산, 그리고 하늘 그림자까지도 어릴 적 추억을 안고 있는 내 고향 하북정! 내가 태어나 26년 동안 살았던 동네. 비록 반갑게 맞아 줄 친구는 없지만, 〈고향의 봄동산〉이라 이름 붙여진 이곳에 오면 나는 혼자가 아니다. 이곳에 서서 한 바퀴 빙 둘러보면 눈길 닿는 곳마다 다른 모양의 추억이 피어나고, 그 추억 속에는 항상 코흘리개 내가 있다. 어린 나는 조무래기 친구들과 때와 상황에 따라 다른 놀이를 하며 중년의 나를 맞는 것이다. 〈고향의 봄동산〉, 숨 가쁘도록 빨리 달려야 하는 삶에서 잠시 벗어나고 싶을 때 나는 이곳에 온다. 잠시 추억 속을 거닐다 보면 팽팽하던 시간도 스르르 느슨해지며 여유가 생기는 것이다.

  세월은 그냥 흐른 게 아니었다. 나보다 더 빠르게 변한 것 같다. 그런데도 잃어버리고, 잊었던 유물들이 전시되고, 지역민들의 문화 향유 기회를 확대하고 우리 문화를 계승해 줄 박물관과 문화원이 들어와서 안심이다. 내 고향이여 영원하여라.

찾지 말자

나이가 들면 들수록 더 자주 듣게 되는 단어가 몇몇 있는데, 건망증도 그중 하나이다. 그런데 이 건망증이라는 단어는 늘 쓰던 물건을 어디 뒀는지 생각이 나지 않거나 늘 부르던 친구 이름이 기억나지 않을 때 유독 자주 내뱉는다.

"아~ 이거 어디 뒀지?"

안경을 끼고 있으면서 찾지를 않나, 손에 쥐고 있던 리모컨을 찾지 못해 거실을 이리저리 뒤지기도 하고, 손에 들고 통화 중인데 휴대전화를 찾아 헤매다 그것을 듣고 있던 친구가 '지금 통화는 뭐로 하고 있노'라고 물으면 그제야 '아~!' 하며 어이없이 헛웃음을 짓곤 한다. 그나마 이제 텔레비전은 음성으로 작동이 되니 다행이기는 하다.

이 외에도 사용해야 할 물건이 제자리에 없거나 일을 하다가 잊어버리고 다른 일을 하는 등 생활에서 불편을 겪는 일이 많다. 대표적인 것이 부엌에서다. 냉장고 문을 열고 뭘 꺼낼지 까먹고 문을 도로 닫는 예도 있다. 김치를 꺼냈는데 가위가 보이지 않아 가위 찾느라 여기저기 들쑤시고 찾다가 잊었던 다른 물건이 나타나면 좋아서 가위 찾던 일은 그만두고 김치 꺼내던 일도 잊은 채 딴 일을 하기도 한다. 어디 그뿐이던가. 휴대전화기는 생각지도 않은 소파 밑으로 굴러떨어져 보이지 않을 때도 있어서 컴퓨터에서 지인들에게 카톡으로 전화 걸어 달라고 한 적은 몇 번인가? 며칠 전 출근한 남편에게서 전화가 왔다. 퇴근 때까지 먼저 전화하는 법이 없는 사람이다. 무슨 일일까? 뭘 두고 갔나? 외출을 서두르던 나는 마지막 문단속을 하던 중이었다. 전화를 받아보니 내 승용차 키를 가지고 갔다고 찾지 말라는 이야기다. 같이 나이가 들어가니 이해 못 할 일도 아니라서 웃으면서 '나랑 어찌 그리 똑같노!' 하면서 전화를 끊는 일이 다반사다.

어릴 때는 이해 불가했던 일들을 점차 내가 하고 있을 때가 많다. 물건을 잃어버리거나 바꿔서 가지고 가는 일을 상상이나 했던가. 심지어는 핸드폰을 바꿔 간 일도 있으니 말이다. 이런 자질구레한 실수들이 반복되다 보니 시간을 낭비하고 괜히 건망증이 심해서 다른 일도 놓치지 않을까 초조해지기도 한다.

친구들은 말한다. 나이가 들면 누구나 겪는 자연스러운 현상이니 신경을 쓰지 말라고. 바쁜 일상 속에서 열심히 살다 보면 사소

눈에 안 보이는 것은 그냥 두면 나타날 거고,
없어졌다고 해서 큰일도 아니라고 마음먹기로 했다.
마음에 여유를 가지고 보니 전보다 찾는 일이 줄어들었고, 물건을 찾느라 받았던
스트레스 대신에 느긋하게 기다리는 습관도 생겼다.

한 것들을 놓치는 게 정상이라면서 자기들도 그러니 걱정할 일은 아니라고 위로를 해 준다.

  나는 이런 사소한 일들에서 벗어나려고 같은 용도의 물품을 몇 개씩 사둔다. 눈에 안 보이는 것은 그냥 두면 나타날 거고, 없어졌다고 해서 큰일도 아니라고 마음먹기로 했다. 그리고 주방에 가장 많이 사용하는 칼, 가위, 주걱, 국자 같은 것은 서너 개씩 사서 싱크대 서랍에 두고 보니 확실히 찾을 일이 줄었다.

  모든 일이 마음먹기 나름이라고 마음에 여유를 가지고 보니 전보다 찾는 일이 줄어들었고, 물건을 찾느라 받았던 스트레스 대신에 느긋하게 기다리는 습관도 생겼다.

  그리고 아이들이 일러준 대로 정해진 자리에 물건 두기, 자주 쓰는 물건 목록 정하고 확인하기, 자주 사용하지 않는 물건은 스마트폰에 보관 장소를 기록하는 것을 생활화하고 있다.

  분명히 말하자면 정말 중요한 것을 늦게 생각해 내서 분실할 수도 있으니 이 방법이 다 좋은 것은 아니다. 그래도 나는 잊어버린 물건은 되도록 찾지 않고 느긋하게 기다리는 여유를 가지고 싶다.

아줌마들의 가을 소풍

　비가 올 거라는 일기예보와는 달리 하늘빛은 연인을 만난 얼굴처럼 맑고 투명하다. 마음 맞는 사람들과 단풍 구경 가는 아줌마들의 표정도 하늘처럼 맑다. 한껏 멋을 내서 그런지 평소 보던 얼굴임에도 달라 보인다. 나이도 하는 일도 각각 다르지만, 아이들이 같은 학교에 다닌다는 이유만으로 쉽게 마음이 통해서 친해진 사람들이다. 부담 없이 수다를 떨 수 있는 사람들과 여행하는 일은 행복한 일이다.

　가끔은 이웃을 만나 이야기하다 보면 같은 곳에 살면서도 너무 다른 세계에 살고 있다는 생각이 들 때가 있다. 평소 아주 가까운 사이라고 믿고 있다가 이런 느낌을 받을 땐 정말 기분이 우울해진다. 눈빛만 봐도 서로의 마음을 읽어내고 고개를 끄덕일 수 있는 사람이 있다면 삶이 좀 더 좋아질 거라 믿는다. 그런 점에서 오늘 함께 소풍 가는 사람들은 정말 편하고 부담 없고 속에 있는 고민을 다 이야기해도 될 것 같은 사람들이다.

처음에는 승용차 두 대에 나눠 타고 가기로 했는데, 일행 중 일부가 먼저 출발하는 바람에 그냥 복잡해도 나머지 사람들은 한 대로 가기로 했다. 뒷자리에 4명이 포개 앉아 가는데도 뭐가 그리 신이 나는지 정미소 도정기에서 쌀 흐르듯 쉴 새 없이 이야기가 나왔다. 무슨 이야기를 했는지 정리도 요약도 할 수 없지만, 너무 많이 웃어서 가는 도중에 배가 고팠다. 길가 작은 분식점에 들러 삶은 달걀과 어묵을 먹었다. 그런데 이야기를 하다 보니 주인아줌마가 하북 사람이라고 했다. 한 번도 마주친 적 없는 이웃이지만, 타지에서 만나고 보니 오래전부터 알았던 사람처럼 친근감이 갔다.

올해는 심한 가뭄 때문에 다른 해에 비해 단풍이 예쁘지 않다고 해서 큰 기대를 하지 않았는데 우리들의 예상은 맞지 않았다. 온 산이 푸른 바탕에 노란색, 붉은색 등 물감으로 칠할 수 있는 색은 온통 다 부어놓은 것 같다. 단순히 예쁘다, 아름답다는 말로는 표현하기 힘든 참말로 오색찬란한 단풍이다. 골이 깊은 계곡을 끼고 있어서 가뭄과는 상관없이 곱게 물들었나 보다. 눈앞에 펼쳐지는 장관에 아줌마들은 입을 다물지 못했다. 나이와 관계없이 순수한 소녀들로 돌아가 탄성을 지르는 우리들은 초등학생들보다도 더 귀여운 것 같았다.

청도 운문사 구경을 하고 와인터널까지 보고 올 예정이었던 애초 계획은 그만 단풍에 흠뻑 빠져 바뀌고 말았다. 와인터널 구경도 경주 산내에서 불고기 먹는 것도 취소하고 그곳 경치가 한눈에 보이는 산자락 가든 방갈로에서 점심을 먹었다.

쏘가리 매운탕을 시켰는데 메기랑 비슷한 놈이 들어와서 우린 뭔가 잘못된 것으로 생각하고 주인을 불렀다. 다들 시골에서 살았던 사람들이라 민물고기 이름 정도는 알고 있다고 생각한 탓에 전체의 의견 일치로 이건 쏘가리가 아니라고 결정지었기 때문이다.

쏘가리가 맞냐고 묻는 우리 말에 주인 아저씨는 난처한 표정을 지었다. 쏘가리를 쏘가리라 하는데 믿지 못하면 어떻게 설명하느냐는 듯했다. 우리가 알고 있는 쏘가리는 이렇게 크지 않은데 왜 이리 크냐고 재차 물었더니 우리가 많이 시켰기에 큰놈으로 줬다고 했다. 그래도 의심이 간 우리가 수입이냐고 물었더니 기가 찬다는 표정으로 쏘가리는 수입이 아예 없고 양식도 안 되고 오직 자연산밖에 없어서 비싸다고 했다. 그제야 우린 수긍한다는 표정을 지었고 처음으로 먹어 본 커다란 쏘가리 매운탕 맛에 반했다.

묻지 않고 그냥 먹었다면 마음대로 의심하고 실망하고 욕도 했을 것이다. 더 나아가 외지인이라 그런 대접을 받는다고 슬퍼했을지도 모른다. 문제 해결에는 역시 대화가 최고라면서 섣부른 판단과 오해에 대해 반성을 했다.

또 여자들의 계 모임이나 수다 떨기가 스트레스 해소나 정보교

환 등으로 건강이나 생활에 도움이 된다면서 서로서로 추겨주면서 웃었다.

청도 운문사는 수령 500년 정도인 처진소나무가 유명하다. 그 덕분인지 조용하고 고즈넉한 사찰 분위기 대신 관광객들로 넘쳐나고 있었다. 평일이라 그런지 관광객 대부분이 여자였다. 그나마 보이는 남자들도 모두 혼자였다.

"저 남자들은 아마도 기사일 거야. 그리고 보면 대한민국은 여자들이 참 살기 좋은 나라다."

우리는 농지거리를 하고는 또 한바탕 웃었다.

먼저 출발했던 일행들을 만났다. 기념품 코너에서 똑같은 팔찌 아홉 개를 사서 하나씩 손목에 걸었다. 여자들은 역시 보석에 약한가 봐. 팔찌를 한 일행들의 표정이 단풍보다 더 눈부시다.

돌아오는 길은 햇볕을 받아 반짝이는 단풍이 올 때보다 더 싱싱하고 붉게 보였다. 한바탕 돌풍이 불었다. 골짜기로 휩쓸어 가는 낙엽을 보고도 찬사를 보내는 아줌마들. 나는 차 속력을 낮춘다. 아줌마들의 즐거운 비명을 좀 더 오래 듣기 위해서.

(2008년)

추억을 줍다

　어제 내린 비로 한결 시원해진 아침이다. 창문 너머로 운동 나온 사람들의 발 빠른 모습이 들어온다. 아무리 봐도 이곳은 살기 좋은 곳이다. 소나무 우거진 숲길이 그렇고 경부선 고속도로와 울산역이 옆에 있어 맘만 먹으면 어디든 쉽게 갈 수 있는 편리함까지 갖추었다. 국내 삼보사찰 중 하나인 통도사와 골프장, 아쿠아 환타지아 같은 볼거리, 놀 거리, 즐길 거리가 제대로 갖추어져 있다. 그중에서 요즈음 들어 가장 사랑받는 것이 둘레길이다.

　시원한 강바람 맞으며 편안하게 걸을 수 있는 강변길, 서리 들판을 가로질러 오를 수 있는 영축산, 마사토와 자연석으로 재정비된 무풍한송 길, 통도사를 지나 암자로 가는 둘레길은 계절마다 새로움을 안겨준다. 오염되지 않은 산길은 마음을 편안하게 해

준다.

다시 일요일이다. 편안한 마음으로 집을 나설 수 있는 날이다. 오늘은 남편이 태어나 신혼 때까지 살았던 고향 마을 뒷산으로 목적지를 잡았다. 햇빛이 이글거리는 한여름에 등산이라니 조금은 이상하지만, 낯선 곳도 아니고 산악자전거 도로가 나 있다는 말에 안심하면서 가방을 챙긴다. 냉동실에서 물병을 꺼내고, 주먹밥도 몇 개 만들었다. 살얼음 낀 커피와 잘 볶아진 견과류를 넣고 챙이 넓은 모자와 수건도 넣고 보니 홀쭉하던 가방이 빵빵해졌다. 금방 다녀올 거린데 꾸물댄다고 한 소리 듣고서야 신발 끈을 조여 맨다.

들머리를 어디로 할지 잠깐 고민하다 통도사 관광안내소 옆 주차장에다 차를 세우고 산 정상을 직선으로 오르는 방법을 택했다.

사람들의 발길이 없는 곳인지 길이 보이지 않았다. 걱정스러워 하는 나와는 달리 남편은 가파른 산길을 앞장서서 걸었다. 얼마쯤 올랐을까. 산 입구와는 달리 어젯밤 내린 비 때문에 축축해진 비탈길에 앞서간 사람들의 발자국이 보인다. 땅을 마구 헤쳐 놓은 모양이 방금 왔다 갔을 법한 멧돼지 흔적도 보인다. 무의식중에 헛기침했다. 주위에 내가 가고 있음을 알리는 신호다. 시골에 살면서 자연적으로 터득한 경험인데 남편도 거의 동시에 헛기침한다.

"당신도 무섭나?"

대답 대신 남편은 빙긋 웃는다.
　잠시 얼음물을 마시면서 땀을 훔친다. 조금만 더 오르면 그늘진 숲길이고 능선을 따라 걷기 때문에 즐거운 산행이 될 거라는 말로 어서 가자고 재촉한다.
　도로변에서 볼 때는 잎이 무성했지만, 숲속으로 들어오니 산죽도 말라죽은 지 오래되었는지 바싹거리고 큰나무들은 쭉쭉 올라가고 사람 키가 닿을 만한 곳은 훤하다.
　진드기 예방 차원에서 입었던 긴 옷은 벗어서 허리에 질끈 동여매고 보니 한결 시원하다. 하늘이 보이는가 싶더니 산 능선이다.
　평지 같은 길이다. 남편은 어릴 적 기억을 더듬으면서 예전과 달라진 산에 관해 말한다.
　소 풀 먹이러 다닌 이야기며 나무하러 다닌 일들이다. 비슷한 지역에서 살았던 우리는 말이 통했다. 맞장구치면서 대화하다 보니 어느새 '합장 바우'라 쓰인 전망대까지 왔다. 통도사가 한눈에 들어왔다. 통도사를 향해 합장하고 바위에 걸터앉는다. 통도사 달력에 나오는 비경이 바로 여기서 찍었음을 대번에 알 수 있다. 통도사 둘레길 후기에 가장 많이 올라오는 고사목도 그림처럼 서 있다. 너른 전망대 바위를 하나씩 차지하고 누웠다. 사방에서 불어오는 바람은 여름임을 잊게 해준다.
　행복한 기분을 만끽하기도 전에 인기척이 들린다. 남편의 학교

멀리 가지 않아도 이렇게 좋은 산이 있는 줄 왜 몰랐을까?
가까이 있는 것에서 소중한 가치를 느낀 하루였다

동기다. 의외의 장소에서 만난 두 사람은 서로의 안부 묻기에 바쁘다. 배낭에서 커피를 꺼내 나눠 먹는다. 이곳에서 먹는 게 세상에서 제일 맛난 커피라는 말을 곁들인다.

나는 혼자 산을 오르기를 좋아했다. 이유는 한 가지였다. 다른 사람과 같이 호흡을 맞추면서 산을 오를 자신이 없었기 때문이다. 이제는 여러 사람과 등산하기를 피하지 않는다. 내 나름대로 산을 타는 요령과 호흡법을 터득해서 꼴찌는 면할 수 있다는 자신감이 생겼기 때문이다. 언제 와도 산은 참으로 넉넉하다.

앞서가던 남편은 문바우 앞에서 걸음을 멈추고 어릴 적 들었던 전설을 실감이 나게 말한다. 잠시 추억여행이라도 떠난 듯 옛이야기들이 술술 나온다.

얼마쯤 가다 보니 통도사 암자들이 군데군데 보인다. 눈 아래 보이는 게 서운암이고 멀리 보이는 게 백운암이라 손짓한다. 보이지 않는 암자들 이름까지 들먹이며 새로운 모습으로 들어온 산 아래를 오래도록 내려다본다. 고개를 돌려 반대편을 본다. 전혀 다른 풍경이다. 경부고속도로가 가로지르고 양옆으로 마을들이 보이고 네모반듯한 초산들과 삼수들이 보인다. 나뭇짐을 내려놓고 쉬었다는 너른 바위에 다리를 뻗고 주먹밥을 먹는다. 김과 참기름만 넣고 주물러 만든 것이 묘하게 어릴 적 엄마 따라 나물 캐다 먹던 주먹밥과 맛이 흡사하다.

멀리 가지 않아도 이렇게 좋은 산이 있는 줄 왜 몰랐을까? 시간과 돈을 많이 투자하지 않아도 매우 즐거웠다. 시원한 바람 한 줄기 지나간다. 기분 좋은 날이다. 이제는 가끔이라도 오자면서 손을 잡는다.

  가까이 있는 것에서 소중한 가치를 느낀 하루였다.

(2010년)

범든골 사람들

　추위가 한풀 꺾이고 얼었던 땅이 녹기 시작한다. 때마침 내린 비로 누런 잎들이 미세하게 초록빛으로 물들기 시작하고 작물들이 생기가 돈다. 듬성듬성 올라오는 마늘밭에 풀도 뽑고 고추·호박 등 갖가지 채소 씨앗을 포트에 넣는 작업도 해야 하고 할 일이 넘친다. 일철이 돌아온 것이다.
　흙 범벅인 장화를 신은 남편이 현관에 들어서지도 못하고 큰소리로 냉수를 찾는다. 남편도 감자 심을 골을 만드느라 한참을 쉬지 않고 일했으니 갈증이 날 만도 하다. 냉장고에서 꺼낸 보리차를 건넸더니 단숨에 마셨다.
　"이럴 때 호박 단술이 생각나네."
　쉬이 가시지 않는 갈증에 한마디 보태고 웃는다. 남편의 말에 하던 일을 접고 부엌으로 간다. 하루 늦는다고 어찌 되는 일도 아닌데 싶어서 남편이 좋아하는 식혜를 만들기로 했다.

 황금빛 도는 늙은 호박 하나를 반으로 잘라 솥에다 푹 삶아 호박 국물을 낸다. 그 국물로 고슬고슬하게 밥을 짓는다. 호박 밥에 엿기름물을 붓고 잘 섞어 전기밥통에 앉힌다. 다섯 시간 정도 지나자 밥알이 삭아서 물 위에 동동 뜨기 시작한다.

 반만 덜어서 달인다. 호박 물로 지은 밥에 진한 엿기름물을 부어 삭혔더니 설탕을 넣지 않아도 식혜 맛이 달고도 깊다. 혼자서 종종걸음치는 남편이 목이 탈 때 시원하게 마실 것을 생각하니 잘 만들어진 식혜가 고맙다.

 나머지는 조청을 만들기 위해 건더기를 걷어낸 다음 그 물을 가마솥에 붓는다. 아궁이에 솔갈비를 넣고 불을 붙인다. 그 위에 장작 몇 개비를 올린다.

 남편은 조청에 떡을 찍어 먹는 것을 좋아한다. 언젠가 시골 할머니가 조청 만드는 것을 보고 설탕이 들어가지 않아도 꿀보다 달다며 신기해했다. 그때부터 조청을 만들어 먹기 시작했는데, 볶음 요리나 조림에 넣으면 설탕이나 물엿을 사용했을 때보다는 부드럽고 깊은 맛이 난다.

 장작을 넣은 지 얼마 지나지 않았는데 얼굴로 높은 열기가 전해 온다. 조금 물러앉는데 등 뒤에 인기척이 느껴져 돌아본다. 언제 왔는지 늑동아지매가 곶감 봉지를 들고 서 있다. 바람난 영감 흉도 봉지에 넣어 온 걸까. 얼굴빛이 예사롭지 않다. 냉이를 캐러 가던 누리엄마도 호밋자루를 놓고 슬며시 자리에 끼어든다. 아궁이 앞에는 어느새 곶감이 놓이고 헛개나무 삶은 물 주전자가 다관 역할을 하면서 분위기 있는 특별한 찻집이 된다.

복장 터져 죽겠다는 듯 늑동아지매는 가슴을 쳐 가며 맺힌 응어리를 마구 쏟아낸다. 아침에 빨랫감을 챙기다 옷에 묻은 파운데이션 흔적을 발견하고 영감이랑 대판 싸웠다는 이야기로 시작해, 휴대전화기에 찍힌 문자와 통화기록까지 말하면서 절대 같이 살지 않겠다며 서슬이 퍼렇다.

인간 수명이 길어지면서 부부가 해로하는 시간도 길어졌다. 긴 세월을 같이 걸어가다 보면 서로 상처 줄 일이 어찌 없겠는가. 하지만 상처에도 치유되는 것이 있고 영영 상처로 남는 것도 있다는 것을 늑동아제도 이제는 좀 알았으면 좋으련만…. 일흔이 넘은 나이에도 젊은이 못지않게 나들이 즐기시는 늑동아제도, 50년을 넘게 그 꼴을 보고 살았으면서도 여전히 아낌없는 관심을 두는 늑동아지매도 안타까운 모습이다.

늑동아지매의 푸념이 길어지는 동안 누리엄마와 나는 백 번 천 번 동감한다는 뜻의 맞장구를 쳐 준다. 그뿐만 아니다. 기꺼이 늑동아지매의 공범자가 되어 보이지 않는 안갯속 여인을 몇 번이나 죽여준다. 실컷 그러고 나면 늑동아지매는 화가 풀리는지 슬그머니 영감을 다시 살려주고는 옷을 털며 일어선다.

"그래도 집에 올 때는 빈손으로 오는 법이 없는 거라. 하다못해

장작불에 어지간히 달았는지 가마솥에서는
짙어진 색깔의 식혜 물이 보글거리고 있다.
밥알이 흔적 없이 문드러져 센 불에 졸아야 조청이 되듯이 행복해 보이는 가정도
가슴이 미어터지는 아픔을 감수해야만 지킬 수 있는 것일까.

순대라도 사 들고 온다 아이가."

"너머집 속 맴이야 우리사 모르는 거고, 우쨌기나 우리 동네에서는 아재하고 아지매가 제일 닭살 부부라고 소문났다 아입니꺼."

세 여자가 웃고 떠드는 소리가 담장을 넘고 있다. 어느 집에라도 가서 속마음을 풀어 놓아도 아직은 흉이 되지 않는 것이 시골 인심이다.

장작불에 어지간히 달았는지 가마솥에서는 짙어진 색깔의 식혜 물이 보글거리고 있다. 밥알이 흔적 없이 문드러져 센 불에 졸아야 조청이 되듯이 행복해 보이는 가정도 가슴이 미어터지는 아픔을 감수해야만 지킬 수 있는 것일까.

봄비가 내리더니 메말랐던 나뭇가지에 물기가 돌고, 범든골 마을에 봄 햇볕이 따스하게 내려앉는다.

(2012년)

이팝나무

　이팝나무는 양산시목이다. 이팝나무의 흰 꽃은 만인의 사랑을 받으며 순박하고 티 없는 양산시민을 상징한다고 한다. 중부동 신시가지 가로수로 심겨 있고, 신전리에도 있지만, 이 나무를 한 번도 본 적이 없다고 하는 시민들도 있다. 안 본 것이 아니라 나무를 잘 몰라서 못 봤다고 할 수도 있을 것 같다.
　이팝나무는 물푸레나뭇과에 속하며 꽃이 필 때 나무 전체가 하얀 꽃으로 뒤덮여 이밥, 즉 쌀밥과 같다고 하여 붙여진 것이라고도 하고, 여름이 시작될 때인 입하에 꽃이 피기 때문에 '입하목立夏木'이라 부르다가 이팝나무로 부르게 되었다고도 한다. 양산 신전리의 이팝나무는 나이를 알기 어려우나 높이는 12m, 둘레는 4.15m로 마을 사람들은 이 나무가 마을을 보호해 주는 신이라고 여겨 매년 음력 1월 15일에 제사를 올리며 한 해 동안의 평안을

가난했던 조선 시대 때 쌀밥은
'양반인 이씨들만 먹는 밥'이란 뜻에서 생겨난 이름이라고도 하고,
옆으로 가지를 뻗은 펑펑한 이팝나무가 하늘을 향해
새하얀 꽃을 뭉게뭉게 피워서 온 나무를 덮고 있는 모습이
밥주발 위로 봉긋이 올라온 쌀밥그릇 모양이기 때문이라고도 한다.

빌고 있다. 이 나무가 매우 크고 오래된 나무일 뿐만 아니라, 우리 조상들의 문화생활을 알 수 있는 나무로서 생물학적·민속적 자료로서의 보존가치도 높아 천연기념물로 지정하여 보호하고 있다. 가난했던 조선 시대 때 쌀밥은 '양반인 이씨들만 먹는 밥'이란 뜻에서 생겨난 이름이라고도 하고, 옆으로 가지를 뻗은 평평한 이팝나무가 하늘을 향해 새하얀 꽃을 뭉게뭉게 피워서 온 나무를 덮고 있는 모습이 밥주발 위로 봉긋이 올라온 쌀밥그릇 모양이기 때문이라고도 한다.

이팝나무가 꽃을 풍성하게 피우면 그해 쌀농사가 풍년이 된다고 어르신들은 말했다. 그것은 아마도 모내기가 한창일 때 이팝나무가 꽃을 풍성하게 피운다는 것은 곧 토양이 수분을 충분히 품고 있다는 뜻이니 모내기 철에 물이 많으면 쌀농사가 잘될 확률이 높기 때문이리라 생각된다.

이처럼 여러 가지 유례가 있고 잘 알려진 이팝나무 꽃을 내년 봄이면 우리 양산에서 가슴이 얼얼하도록 볼 수 있을 것이다.

해마다 4월경에 통도사 서운암에서 들꽃축제가 열린다. 대웅전 근처의 나지막한 야산에 금낭화를 비롯한 수만 포기의 야생화가 아름답게 제각각의 몸짓으로 무리 지어 피어오른다.

그런데 지난여름 서운암에 갔다가 깜짝 놀랐다. 야생화 단지 옆에 심겨 있던 단감나무 과수원이 이팝나무 동산으로 바뀌어 서 있었다. 그것도 묘목이 아니라 어른 키보다 훨씬 큰 나무들이었다.

저 나무들이 일제히 꽃이 핀다면 어떤 모습일까. 주위의 푸름과 잘 어울릴 것 같은 하얀 꽃들이 산 전체에 일시에 피어 있는 모습은 상상하는 것만으로도 가슴이 벅차다. 분명 양산의 자랑거리로 새로 태어날 것이다.

벌써부터 봄이 기다려진다.

(2007년)

거듭나기

　얼마 전의 일이다. 때 이른 불볕더위에 그늘을 찾다가 무심코 쳐다본 가로수에 꽃이 핀 걸 보았다. 체육관 2층 높이보다 더 큰 나무다. 30년을 넘게 지나다닌 길이지만, 꽃이 핀 걸 본 적이 없었다. 옛날부터 신작로 옆에서 많이 봐온 플라타너스라 더 놀라웠다. 나무 전체에 활짝 핀 꽃이 신기하기도 하고 예뻤다.
　꽃의 모양새가 연꽃과 튤립 중간쯤으로 보였다. 사람들에게 보여주고 싶은 마음에 사진을 찍었다. 높은 곳에 핀 꽃을 자세히 찍기 위해 가지를 휘어잡고 까치발을 하기도 했다. 단체 카톡방에 올리기가 무섭게 댓글이 올라온다.
　'예쁘다.' '처음 본다.' 각기 다른 표현 속에 플라타너스 꽃이 아니라 목백합이라고 문우들이 지적한다.
　목백합이란 말도 처음 들어보고 아무리 봐도 플라타너스가 맞는 것 같다. 산림과에 문의도 해보고, 도로 가로수를 관리하는 기관에도 전화를 해봤다. 내가 말하는 구간은 목백합과 플라타너스가 섞여 있는데 꽃이 폈다면 목백합이 맞다고 명쾌하게 알려주셨다.

아, 이럴 수가 있나? 다들 알고 있는 목백합을 나만 플라타너스로 알고 있었단 말인가. 해마다 피웠을 그 꽃이 이제야 눈에 들어온 것도 그렇다. 나무의 키가 너무 높고 잎이 커서 잘 보이지 않았을 거라고 변명하기에는 너무 긴 세월이 지났다. 그동안 쉼 없이 앞만 보고 달려온 내 삶을 그대로 보는 듯하다.

나는 따로 직장생활을 하지 않았다. 대개의 사람은 직장생활이나 일정한 수입이 주어지는 일을 하지 않으면 무직으로 여겨 경제활동을 안 한 것으로 생각한다. 가사노동의 가치는 열거하지 않아도 다 알고 있지만, 우리 사회는 아직 평가 절하하는 경향도 있다.

그러니 남들 보기에는 내가 여가생활이나 즐기는 사람으로 보였을지 모르겠다. 그렇지만, 자급자족 수준을 조금 넘는 농사일은 적은 수입에 비해 일은 정말 많다. 자영업을 하는 남편을 도와 서류정리나 전화를 받아 주는 것도 적은 일이 아니었다. 무엇보다 중요한 것은 가족들이 각자의 일을 열심히 잘할 수 있도록 가정의 효용을 최대한으로 높이는 일이었다. 지금껏 해온 가사노동에 대해서 나 자신에게 구체적인 대가가 없었다 해도 가족들의 성장을 도와주는 것으로 충분히 행복했다.

그러나 그 일도 한가한 일은 아니었다. 사는 게 늘 경쟁이었고, 이겨야 살아남을 수 있다는 강박관념에 빠지게도 했다. 그러나 이제는 몸도 마음도 조금씩 여유가 보인다. 지는 법도 배우고, 나의 부족함도 세상에 내놓을 수 있는 나이가 되었다. 보살피고 챙겨줘야 할 자리에서 이제는 따뜻한 가슴으로 그들을 지켜봐 주는 일이 내가 할 일이다.

나는 다시 새로운 시작을 꿈꾼다. 당당하고 멋진 중년으로 거듭나기 위해 나를 가꾸고 주변을 돌보는 일에도 최선을 다하리라고.

(2016년)

경남산문선 91

범든골에 피는 행복

김영희 수필집

1쇄 펴낸날 2024년 9월 11일

지은이 김 영 희
펴낸이 오 하 롱

펴낸곳 도서출판 경남
주 소 창원시 마산합포구 몽고정길 2-1
연락처 (055)245-8818
이메일 gnbook@empas.com
출판등록 제1985-100001호(1985. 5. 6.)
편집팀 오태민 심경애 구도희

ISBN 979-11-6746-152-0-03810

ⓒ김영희

*이 책은 2024년 양산시 지역문화진흥기금 지원 사업으로 발간되었습니다.
*잘못된 책은 바꿔 드립니다.
*저자와 협의 인지 생략합니다.

〔값 15,000원〕